실생활 90%를
감당하는 영어 단어들

KB191356

황용운

성취의 경험으로 자존감을 높이고, 내면의 지경을 확장하며,
세상에 사랑을 전하는 진정성 있는 영어 공부를 추구합니다.
대학에서 TESOL과 통번역, 교재 개발을 배워서
강의와 번역, 영어 교육 콘텐츠 제작을 하고 있습니다.
한양여자대학교 실무영어과 겸임교수이자 호주 공인 NAATI 번역가입니다.

이메일: hasajon@naver.com
블로그: blog.naver.com/hasajon
유튜브 채널: 영어활주로(@englishrunwayforyou)
네이버 카페: 영어활주로(englishrunwayforyou)

실생활 90%를 감당하는 영어 단어들

지은이 황용운
초판 1쇄 발행 2024년 10월 14일
초판 2쇄 발행 2024년 12월 11일

발행인 박효상   **편집장** 김현   **기획 · 편집** 장경희, 이한경   **디자인** 임정현
마케팅 이태호, 이전희   **관리** 김태옥

기획 · 편집 진행 김현   **교정 · 교열** 최주연
본문 · 표지 디자인 고희선

종이 월드페이퍼   **인쇄 · 제본** 예림인쇄 · 바인딩

출판등록 제10-1835호   **발행처** 사람in   **주소** 04034 서울시 마포구 양화로 11길 14-10 (서교동) 3F
전화 02) 338-3555(代)   **팩스** 02) 338-3545   **E-mail** saramin@netsgo.com
Website www.saramin.com

책값은 뒤표지에 있습니다.
파본은 바꾸어 드립니다.

ⓒ 황용운 2024

ISBN
979-11-7101-109-4 13740

우아한 지적만보, 기민한 실사구시 사람in

실생활 90%를 감당하는 영어 단어들

NGSL 1.2
★ ★ ★

New General Service List

90%

찰스 브라운 교수의
NGSL 1.2 버전 기반
New General Service List
최고 빈도 핵심 단어들

사람in

영어를 처음 혹은 다시 시작한다면 최고 빈도 어휘를!

영어를 배우는 첫 단추가 단어 암기라는 사실은 누구도 부정하지
않을 겁니다. 문제는 외워야 할 단어가 너무 많고, 우리 두뇌는 암기
활동에 많은 시간을 필요로 한다는 것이지요. 이런 아득한 상황에
조금이나마 도움이 될 만한 방법은 없을까요? 의외로 간단한 팁이
있습니다. 바로, 실생활에서 사용 빈도가 가장 높은 최고 빈도 어휘만
선택적으로 먼저 암기하여 시간 대비 효율을 높이는 것입니다.

언어학자들은 빈도순으로 1등 단어에서부터 3,000등 정도까지의
약 3,000개 단어가 실생활 영어에 등장하는 전체 어휘 중 90% 정도
를 차지한다는 데 모두 동의합니다. 즉, 전체 수십만 개의 영어 단어
중 3,000여 개만 외우면 일상에서 만나는 단어 10개 가운데 무려
9개나 알게 된다는 말입니다! 그러니 최고 빈도 단어를 암기하지 않을
이유가 없습니다. 영어 공부를 처음 혹은 다시 시작하는 분들이라면
반드시 최고 빈도 어휘를 가장 먼저 암기해야 영어 공부의 효율을
높일 수 있습니다.

NGSL: New General Service List

이 책은 최고 빈도 어휘 목록 New General Service List(NGSL) 1.2 버전
을 기반으로 만들었습니다. (NGSL 웹사이트(www.newgeneralservicelist.
com)에서 원본 리스트 다운로드 가능) 도쿄 메이지가쿠인 대학교
응용언어학과 찰스 브라운(Charles M. Browne) 교수가 만든 이 어휘
목록에는 총 2,809개의 단어가 들어 있는데, 이 중에서 실질적으로
가장 먼저 암기가 필요한 975개 단어를 다시 엄선하고 정제하여
본 교재의 핵심인 PART 2를 구성하였습니다. 원래의 NGSL에서
암기 부담을 크게 줄인 이 975개의 최고 빈도 어휘를 먼저
공부하면 됩니다.

진정한 어휘 학습의 시작은 초벌 암기!

이 책은 최고 빈도 어휘 975개의 단어를 단기간에 눈으로 빠르게
익히고 각 단어에 대응하는 하나의 한국어 의미를 매칭시키는,
소위 '초벌 암기'를 목적으로 만들었습니다. 매일 평균 30여 개
단어를 초벌 암기하면 한 달 안에 모두 암기할 수 있는 분량입니다.
이렇게 초벌 암기한 어휘력이 여러분의 든든한 영어 밑천이 되어,
이후의 영어 공부도 해 볼 만하다는 자신감을 불어넣어 줄 것입니다.
여러분이 스스로 설정한 영어 학습 목표까지 계속해서 걸어가는 데
꼭 필요한 디딤돌이 될 것입니다.

그러나 주의할 점이 있습니다. 이렇게 눈으로 빠르게 '초벌 암기'한
것은 진정한 어휘 실력이 아닙니다. 초벌 암기한 단어를
'내가 아는 단어'라고 단정하면 안 됩니다. 초벌 암기는 말 그대로
디딤돌 역할만 하는 것이지, 그 위에 건물을 세울 수 있는 초석의
역할을 하는 건 아닙니다. 초벌 암기 덕에 마치 이미 아는 단어처럼
느껴질지라도 앞으로 다양한 읽기, 듣기, 쓰기, 말하기 활동을 통해
그 단어를 다시 만나면서 실질적인 뉘앙스와 용례, 의미 등을 계속
해서 덧칠하고 정교하게 다듬어가야 합니다. 그래야 진정 내가
알고 '쓸 줄 아는' 단어가 되고 어휘력이 된다는 것을 명심하십시오.

그럼에도 불구하고 일단 지금은 초벌 암기부터 시작할 수밖에
없습니다. 갓 돌이 지난 아기에게 걷지 말고 당장 뛰라고
요구할 수 없는 것과 같은 이유에서입니다. 진정한 어휘 학습도
언제나 초벌 암기로부터 시작하는 것이니까요.

본서는 크게 두 파트로 구성되어 있습니다.

PART 1

최고 빈도 어휘 목록 가운데 우리 삶에 매우 밀접한 단어들을 주제별로 정리하여 제시합니다. 효과적인 학습을 위해 필요한 경우에는 최고 빈도 어휘 목록(NGSL)에 없는 단어도 일부 추가했습니다. PART 1의 단어들은 우리와 늘 함께하는 주제와 내용에 해당하므로 그 개념을 이미지와 관계로 파악할 수 있게 최대한 시각화하여 구성하였습니다. 추가로, 이 PART 1의 최고 빈도 어휘로 투영되는 인간의 일상과 문명 사회에 대해서도 통찰하고 음미해 보는 기회가 되기를 바랍니다.

PART 2

본격적으로 초벌 암기할 975개의 핵심 단어입니다. Chapter의 순서는 빈도순입니다. 즉, Chapter 1에 등장하는 단어가 Chapter 2에 등장하는 단어보다 더 자주 쓰이는 단어입니다. 효과적인 최고 빈도 어휘 학습을 위해 Chapter 순으로 학습하시기 바랍니다. 또 두뇌의 망각 작용과 늘어나는 복습 시간을 고려하여 Chapter가 지날수록 매일 암기해야 할 단어의 양을 적게 분배하였습니다. 가령, Chapter 1은 하루 45개 단어를 암기해야 하나, Chapter 6에 가서는 20개 단어만 외우면 됩니다. 남는 시간에는 망각했거나 이전에 암기했던 단어를 복습하실 수 있습니다.

빠른 암기를 위한 TIP

1 먼저 표제어의 형태와 그에 대응하는 한국어 대표 의미만을 기억하시기 바랍니다. 자신이 아는 단어라면 체크박스 세 개 중 맨 왼쪽에 체크하고 넘어가면 됩니다.

2 아는 단어지만 더 제대로 알고 싶거나 단어가 잘 안 외워질 때에는, 대표 의미와 더불어 추가 의미, 추가 뉘앙스 설명, 예문까지 찬찬히 읽어 보세요. 단어의 전체적인 의미 개념을 느끼게 되면서 자연스레 기억에 머물게 될 것입니다.

3 이렇게 끝까지 보고 나면 맨 왼쪽 체크 박스에 표시되지 않은 단어들만 공략해 보세요. 두 번째 보게 되니 아는 단어일 때는 가운데 박스에 체크하면서 끝까지 진행해 주세요. 이런 식으로 세 번째까지 보게 되면 더 심도 있는 단어를 공부할 수 있게 준비가 된 것입니다.

4 개별 단어의 정확한 발음을 위해 QR 코드를 찍어서 원어민 음성도 꼭 확인해 주세요.

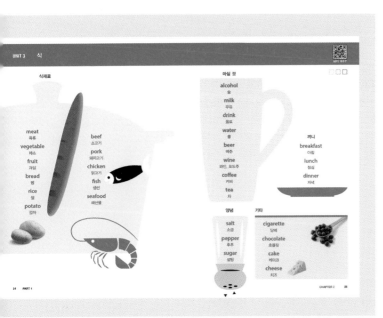

- 본 책은 최고 빈도 어휘의 빠른 암기를 목적으로, 영어 단어 원형이 가지는 핵심 의미 전달에 집중합니다. 이를 위해 표제어는 모두 원형으로 제시하였으며, 단어와 함께 쓰일 수 있는 a, the와 같은 관사, 단수나 복수 표기 등은 생략하였습니다. 불규칙 동사의 경우, 동사 아래에 3단 변화를 수록했습니다.

- 최대한 NGSL에 들어 있는 단어만으로 주제를 구분하여 만들었으나, 효율적인 학습을 위해 필요한 경우에는 NGSL에 없는 단어도 도입하였습니다.

- 반복 학습 효과를 최대화하기 위해 의도적으로 같은 예문을 반복해 수록한 경우도 있습니다.

- 저자가 운영하는 네이버 카페 '영어활주로'(cafe.naver.com/englishrunwayforyou)에 오시면 저자와 소통할 수 있습니다. 또 최고 빈도 어휘 학습 추가 자료와 본 교재로 함께하는 영단어 스터디 모임 등에 관한 정보를 얻으실 수 있습니다.

PART 1 주제별 필수 선행 단어

CHAPTER 1 행동의 주체와 행동

PART 2 최고 빈도 핵심 단어 975

PART 1

주제별

필 수

선행 단어

CHAPTER 1

행동의 주체와 행동

MP3 **001**

사람·사물을 대신하는 단어

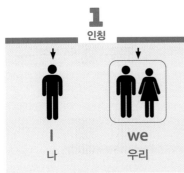

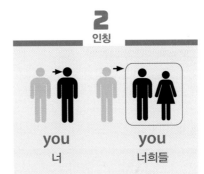

1 인칭

I
나

we
우리

2 인칭

you
너

you
너희들

3 인칭

he
그

she
그녀

they
그들

it
이것, 그것

they
이것들, 그것들

사람·사물을 가리키는 단어

this		these
이것, 이 사람	------	이것들, 이 사람들
that	------	those
저것, 저 사람		저것들, 저 사람들

사람을 나타내는 단어

person ······ people
사람   사람들

성별에 따라

boy	man	gentleman	sir
소년	남자, 남성	신사	~ 님 (남성 존칭)
girl	woman	lady	madam
소녀	여자, 여성	숙녀	~ 님 (여성 존칭)

연령에 따라

baby → kid → teenager → adult
아기   아이   십 대(청소년)   성인, 어른

infant   child
유아   아동

FAMILY 가족

☐ ☐ ☐

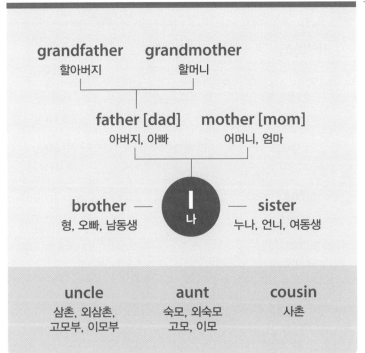

grandfather 할아버지   grandmother 할머니

father [dad] 아버지, 아빠   mother [mom] 어머니, 엄마

brother 형, 오빠, 남동생 — **I 나** — sister 누나, 언니, 여동생

uncle 삼촌, 외삼촌, 고모부, 이모부   aunt 숙모, 외숙모, 고모, 이모   cousin 사촌

EXTENDED FAMILY 대가족

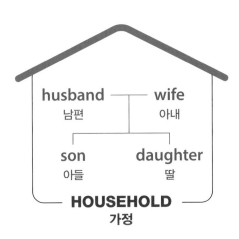

husband 남편 — wife 아내

son 아들   daughter 딸

HOUSEHOLD 가정

MP3 003

핵심 행동 20

☐ ☐ ☐

행동	
do 하다	**say** 말하다
go 가다	**come** 오다
put 놓다	**get** 얻다
give 주다	**take** 갖다
look 찾다, 보다	**find** 발견하다
tell 말해 주다	**try** 시도하다
make 만들다	**use** 사용하다

사고 행동	
think 생각하다	**like** 좋아하다
need 필요하다	**want** 원하다
know 알다	**have** 소유하다

감각 행동 – 오감

see 보다

hear 듣다

smell 냄새 맡다

taste 맛보다

feel 느끼다

시각

청각

후각

미각

촉각

MP3 004

5W1H → W로 시작하는 단어 5개와 H로 시작하는 단어 1개

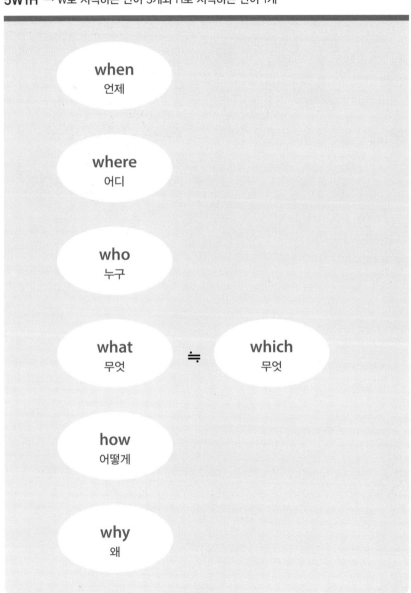

참고 ▶ which는 정해진 몇 가지 옵션 중 '무엇'인지 물을 때 사용한다.

CHAPTER 2

생활과 환경

MP3 **005**

FACE 얼굴

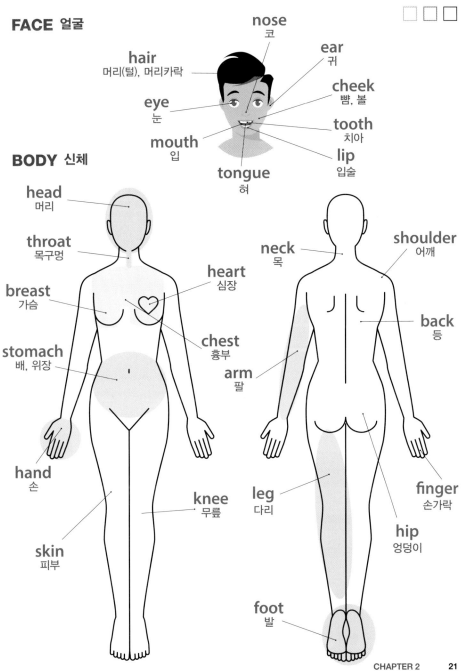

nose
코

hair
머리(털), 머리카락

ear
귀

eye
눈

cheek
뺨, 볼

mouth
입

tooth
치아

tongue
혀

lip
입술

BODY 신체

head
머리

throat
목구멍

heart
심장

breast
가슴

neck
목

shoulder
어깨

chest
흉부

back
등

stomach
배, 위장

arm
팔

hand
손

knee
무릎

leg
다리

finger
손가락

skin
피부

hip
엉덩이

foot
발

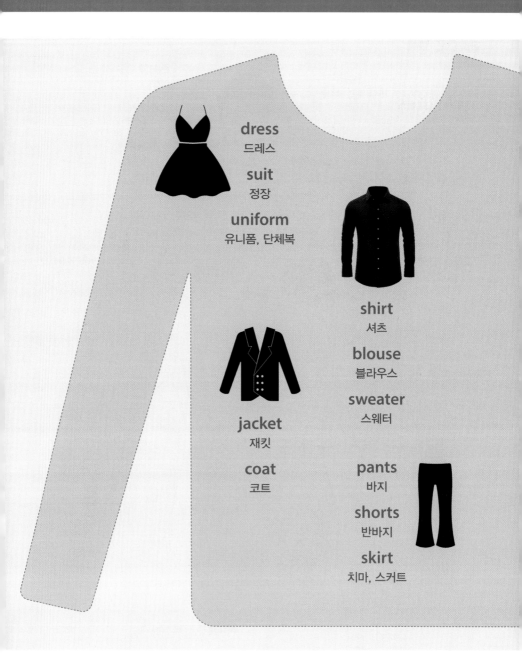

dress
드레스

suit
정장

uniform
유니폼, 단체복

shirt
셔츠

blouse
블라우스

sweater
스웨터

jacket
재킷

coat
코트

pants
바지

shorts
반바지

skirt
치마, 스커트

CLOTHING
의류

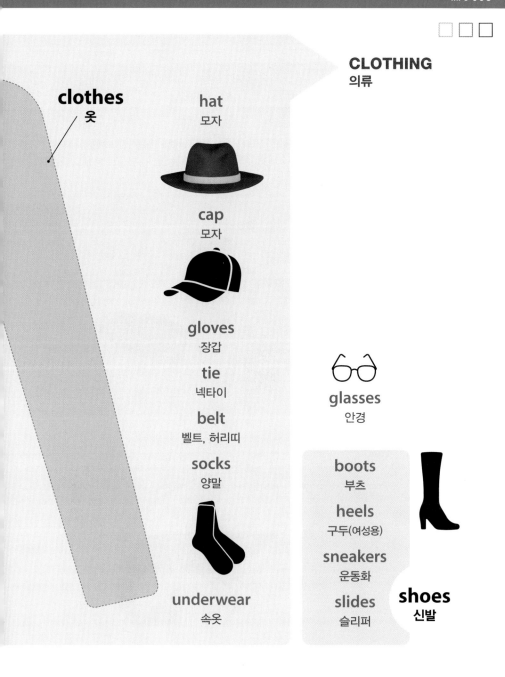

clothes
옷

hat
모자

cap
모자

gloves
장갑

tie
넥타이

belt
벨트, 허리띠

socks
양말

underwear
속옷

glasses
안경

boots
부츠

heels
구두(여성용)

sneakers
운동화

slides
슬리퍼

shoes
신발

식재료

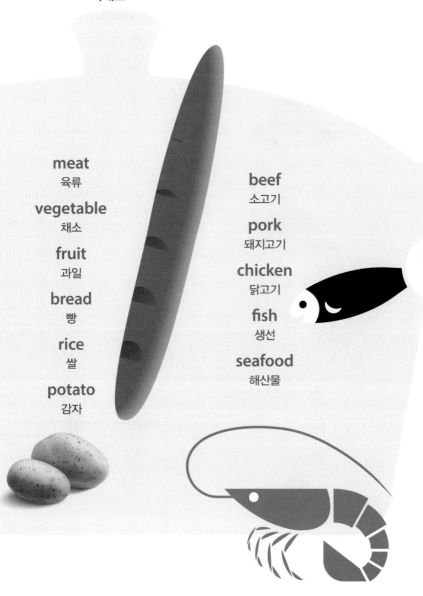

meat
육류

vegetable
채소

fruit
과일

bread
빵

rice
쌀

potato
감자

beef
소고기

pork
돼지고기

chicken
닭고기

fish
생선

seafood
해산물

마실 것

□ □ □

alcohol
술

milk
우유

drink
음료

water
물

beer
맥주

wine
와인, 포도주

coffee
커피

tea
차

끼니

breakfast
아침

lunch
점심

dinner
저녁

양념

salt
소금

pepper
후추

sugar
설탕

기타

cigarette
담배

chocolate
초콜릿

cake
케이크

cheese
치즈

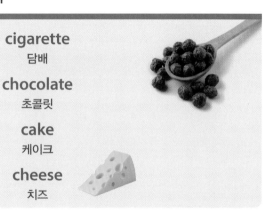

HOUSE 주택

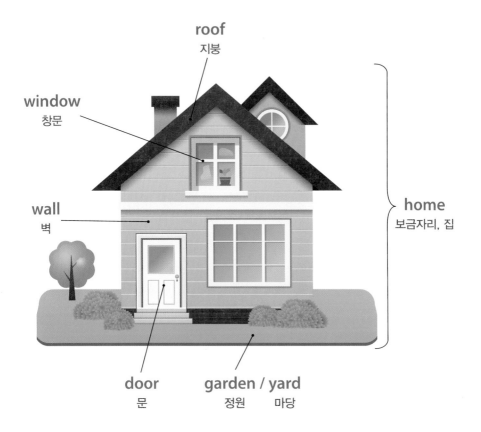

roof
지붕

window
창문

wall
벽

home
보금자리, 집

door
문

garden / yard
정원　마당

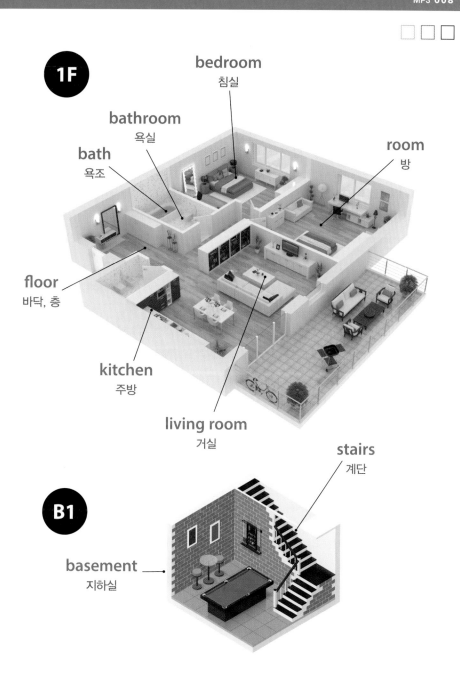

1F

bedroom
침실

bathroom
욕실

bath
욕조

room
방

floor
바닥, 층

kitchen
주방

living room
거실

stairs
계단

B1

basement
지하실

□ □ □

동물

dog
개

cat
고양이

horse
말

cow
소

pig
돼지

chicken
닭

sheep
양

bird
새

fish
물고기

rat
쥐

bear
곰

monkey
원숭이

snake
뱀

dragon
용

곤충

bee
벌

ant
개미

butterfly
나비

spider
거미

fly
파리

mosquito
모기

cockroach
바퀴벌레

bedbug
빈대

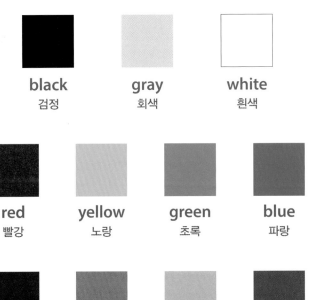

black
검정

gray
회색

white
흰색

red
빨강

yellow
노랑

green
초록

blue
파랑

purple
보라

orange
주황

pink
분홍

brown
갈색

gold
금

silver
은

상태나 성질을 표현하는 단어

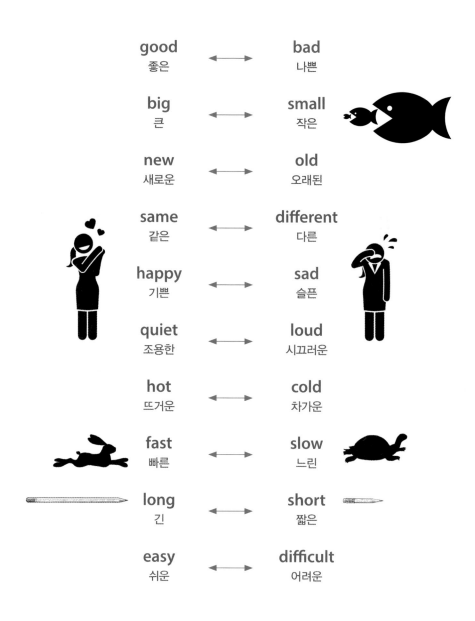

good
좋은
⟷
bad
나쁜

big
큰
⟷
small
작은

new
새로운
⟷
old
오래된

same
같은
⟷
different
다른

happy
기쁜
⟷
sad
슬픈

quiet
조용한
⟷
loud
시끄러운

hot
뜨거운
⟷
cold
차가운

fast
빠른
⟷
slow
느린

long
긴
⟷
short
짧은

easy
쉬운
⟷
difficult
어려운

☐ ☐ ☐

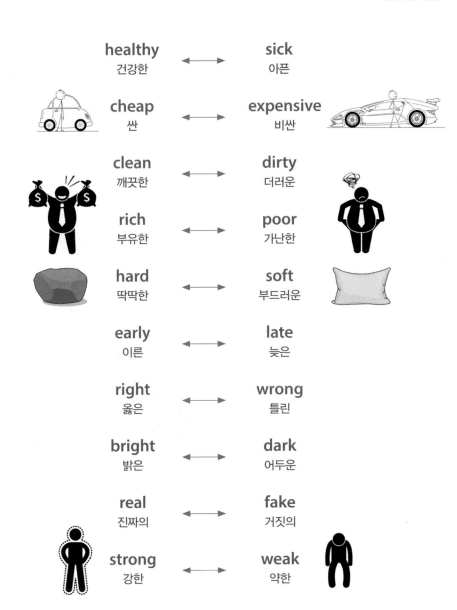

healthy 건강한	⟷	sick 아픈
cheap 싼	⟷	expensive 비싼
clean 깨끗한	⟷	dirty 더러운
rich 부유한	⟷	poor 가난한
hard 딱딱한	⟷	soft 부드러운
early 이른	⟷	late 늦은
right 옳은	⟷	wrong 틀린
bright 밝은	⟷	dark 어두운
real 진짜의	⟷	fake 거짓의
strong 강한	⟷	weak 약한

CHAPTER 3

장소와 시간

☐ ☐ ☐

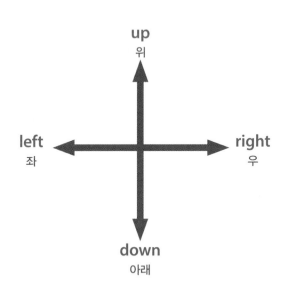

up
위

left
좌

right
우

down
아래

north / northern
북쪽   북쪽의

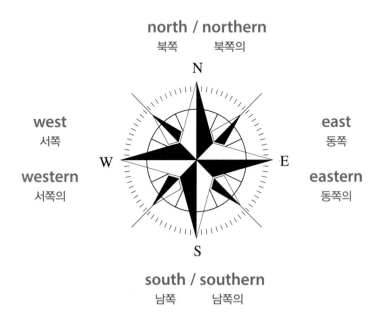

west
서쪽

western
서쪽의

east
동쪽

eastern
동쪽의

south / southern
남쪽   남쪽의

장소

here
여기

there
저기

where
어디, 어느 곳

home
보금자리, 집

school
학교

work(place)
직장

country
나라, 국가

world
세계

heaven
천국
↔
hell
지옥

자연 지형

earth
지구

land
땅, 토지

mountain
산

desert
사막

sea
바다

ocean
대양

river
강

lake
호수

도시·시내의 주요 장소

office
사무실

park
공원

library
도서관

restaurant
음식점

market
시장

shop [store]
가게, 상점

town
(소)도시, 시내

city
도시

bank
은행

station
역

college / university
대학 / 종합대학

church
교회

hotel
호텔

hospital
병원

bridge
다리

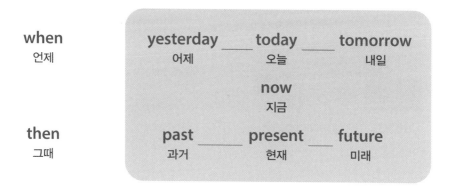

when 언제	yesterday 어제 ___ today 오늘 ___ tomorrow 내일
	now 지금
then 그때	past 과거 ___ present 현재 ___ future 미래

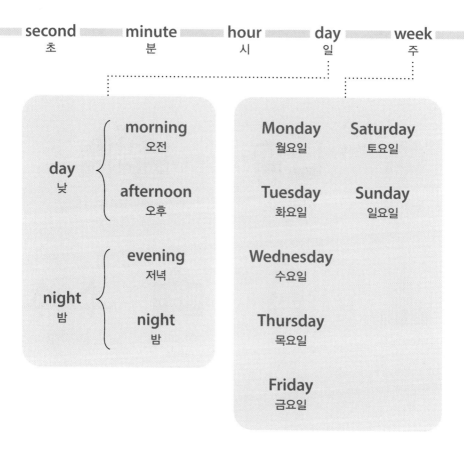

second 초 ═ minute 분 ═ hour 시 ═ day 일 ═ week 주

day 낮
- morning 오전
- afternoon 오후

night 밤
- evening 저녁
- night 밤

Monday 월요일	Saturday 토요일
Tuesday 화요일	Sunday 일요일
Wednesday 수요일	
Thursday 목요일	
Friday 금요일	

☐ ☐ ☐

spring	summer	fall [autumn]	winter
봄	여름	가을	겨울

season
계절

month ▸ **year** ▸ **decade** ▸ **century** ▸
월 / 년 / 10년 / 100년, 세기

January	July
1월	7월
February	August
2월	8월
March	September
3월	9월
April	October
4월	10월
May	November
5월	11월
June	December
6월	12월

CHAPTER 4

수·양·빈도를 표현하는
단어와 숫자

☐ ☐ ☐

수		양
all 모든	both 모든(= 둘 다)	all 모든
most 대부분		most 대부분
many 많은		much 많은
half 반	either 반(= 둘 중 하나)	half 반
some 약간		some 약간
a few 몇몇		a little 조금
few 극소수		little 극소량
no 무(無)	neither 무(無)(= 둘 중 0개/명)	no 무(無)

100%

50%

0%

참고 ▶ both, either, neither는 전체가 둘일 때만 사용한다.
　　　 neither의 경우, 두 가지로 발음할 수 있다.

1 ~ 109까지의 숫자

	one 1	two 2	three 3	four 4
ten 10	eleven 11	twelve 12	thirteen 13	fourteen 14
twenty 20	twenty-one 21	twenty-two 22	twenty-three 23	twenty-four 24
thirty 30	thirty-one 31	thirty-two 32	thirty-three 33	thirty-four 34
forty 40	forty-one 41	forty-two 42	forty-three 43	forty-four 44
fifty 50	fifty-one 51	fifty-two 52	fifty-three 53	fifty-four 54
sixty 60	sixty-one 61	sixty-two 62	sixty-three 63	sixty-four 64
seventy 70	seventy-one 71	seventy-two 72	seventy-three 73	seventy-four 74
eighty 80	eighty-one 81	eighty-two 82	eighty-three 83	eighty-four 84
ninety 90	ninety-one 91	ninety-two 92	ninety-three 93	ninety-four 94
one hundred 100	one hundred one 101	one hundred two 102	one hundred three 103	one hundred four 104

참고 ▶ 11~19까지의 숫자를 제외한 나머지는 행과 열의 숫자를 조합하여 만들 수 있다.
　　　두 자리 숫자에서, 십의 자리 수와 일의 자리 수 사이에는 문장 부호 하이픈(-)을 넣는다.

□ □ □

five	six	seven	eight	nine
5	6	7	8	9
fifteen	sixteen	seventeen	eighteen	nineteen
15	16	17	18	19
twenty-five	twenty-six	twenty-seven	twenty-eight	twenty-nine
25	26	27	28	29
thirty-five	thirty-six	thirty-seven	thirty-eight	thirty-nine
35	36	37	38	39
forty-five	forty-six	forty-seven	forty-eight	forty-nine
45	46	47	48	49
fifty-five	fifty-six	fifty-seven	fifty-eight	fifty-nine
55	56	57	58	59
sixty-five	sixty-six	sixty-seven	sixty-eight	sixty-nine
65	66	67	68	69
seventy-five	seventy-six	seventy-seven	seventy-eight	seventy-nine
75	76	77	78	79
eighty-five	eighty-six	eighty-seven	eighty-eight	eighty-nine
85	86	87	88	89
ninety-five	ninety-six	ninety-seven	ninety-eight	ninety-nine
95	96	97	98	99
one hundred five	one hundred six	one hundred seven	one hundred eight	one hundred nine
105	106	107	108	109

MP3 017

큰 숫자 읽는 법   □ □ □

$$1,000 \ = \ \text{one thousand}$$
↳ thousand

$$1,000,000 \ = \ \text{one million}$$
↳ million

$$1,000,000,000 \ = \ \text{one billion}$$
↳ billion

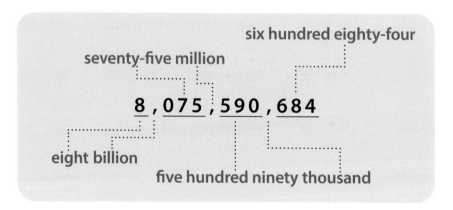

six hundred eighty-four

seventy-five million

8 , 0 7 5 , 5 9 0 , 6 8 4

eight billion

five hundred ninety thousand

서수

1st
first
첫째

2nd
second
둘째

3rd
third
셋째

참고 ▶ 이 이후로는 기수에 -th를 붙여 서수를 표현한다.

☐ ☐ ☐

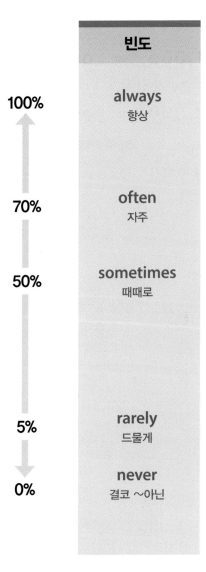

참고 ▶ 퍼센트는 이해를 돕기 위한 대략적 수치임
       often은 두 가지로 발음되기도 한다.

PART 2

최고 빈도
핵심 단어
975

CHAPTER 1

—— 최고 빈도 ——
1-225

MP3 **019**

1
one

하나 한 개, 한 명, 것, 사람 ☑☐☐

넌 이 둘 중 **하나**를 선택해야 해.
You must choose **one** of these two.

→ 숫자 1 외에도 어떤 하나의 사물이나 사람을 나타내는 단어로 사용할 수 있다.

someone	어떤 사람
everyone	모든 사람
anyone	누구든, 아무 사람
none	0개, 0명
no one	0명

2
more

더 더욱 많은 ☐☐☐

언제나 네가 예상하는 것보다 **더 많은 시간**이 들지.
It always takes **more time** than you expect.

→ 수, 양, 정도가 더 많거나 심하다고 할 때 사용한다.

3
some

몇몇의 약간의, 일부의, 어떤 ☐☐☐

몇몇 사람들은 유령이 존재한다고 믿어요.
Some people believe that ghosts exist.

→ 사람이나 사물을 가리키는 단어 앞에 some을 붙이면, '몇몇의 사람/사물' 또는
'약간의 사람/사물', '어떤 사람/사물'의 의미가 된다. 전체 모두를 가리키는 게
아니라 약간, 일부, 몇몇의 수나 양만을 말하는 표현이다. 또한, some만으로도
'일부 사람들' 또는 '몇몇 것들'의 의미가 되기도 한다.

something	어떤 것
somewhere	어떤 곳
somebody	어떤 사람
someone	어떤 사람

4
no

무(無)의 0의, 어떤 ~도 없는; 아니요 □ □ □

이 규칙에는 예외가 없습니다.(= 이 규칙에는 0의 예외가 있다)
There is **no exception** to this rule.

none	0개, 0명
no one	0명
nobody	0명
nowhere	무(無)의 장소
nothing	0개

5
other

다른 ~ 외의, 기타의 □ □ □

다른 질문 있나요?(= 다른 어떤 질문이라도 있나요?)
Do you have **any other questions**?

another	또 다른

6
well

잘 좋게, 완전히 □ □ □

사용하기 전에 병을 잘 흔들어 주세요.
Shake the bottle **well** before using.

7
very

매우 아주, 굉장히 □ □ □

그 칼 조심해. 굉장히 날카로워.
Be careful with the knife. It's **very** sharp.

8
just

그저 단지, 그냥, 방금, 이제 막 □ □ □

그저 사랑한다 말하려고 전화했어.
I **just** called to say I love you.

9
work

일하다 작업하다, 작동하다

☐ ☐ ☐

그녀는 마케팅 부서에서 **일합니다**.
She **works** in the marketing department.

worker   노동자

10
also

또한 게다가

☐ ☐ ☐

레오나르도 다빈치는 화가였을 뿐 아니라 **또한** 발명가이기도 했어요.
Leonardo da Vinci was not only a painter but **also** an inventor.

11
only

유일한 오직, 겨우

☐ ☐ ☐

그녀가 그 살인 사건의 **유일한 목격자**였죠.
She was **the only witness** to the murder.

12
new

새로운

☐ ☐ ☐

3월이면 아이들은 **새로운 학교**에 적응해야 합니다.
In March, children need to adapt to **their new schools**.

news   뉴스
newspaper   신문
newly   새롭게

new

13
way

길 방안, 방법 ☐ ☐ ☐

미래를 예측하는 **최고의 방법**은 미래를 창조하는 것입니다.

The best way to predict the future is to create it.

14
any

어떤 아무 ☐ ☐ ☐

어떤 질문이라도 있으시면, 편하게 물어보세요.

If you have **any questions**, feel free to ask.

→ 사람이나 사물을 가리키는 단어 앞에 any를 붙이면, '그 어떤 사람/사물' 또는 '아무 사람/사물'의 의미가 된다. 특정한 대상을 선별하는 느낌이 아니라 '아무거나', '그 어떤 거라도'의 뉘앙스.

anyone	아무 사람
anything	아무것
anybody	아무 사람
anywhere	어디든, 아무데나

15
thing

것 물건 ☐ ☐ ☐

네 물건 좀 챙길래? 우린 10분 후에 떠나야 해.

Can you grab **your things**? We need to leave in ten minutes.

→ 불특정 사물을 통칭하는 말로 '이것', '저것' 할 때의 '것'에 해당한다.

something	어떤 것
anything	아무것
nothing	0개
everything	모든 것

16
right

올바른 맞는, 정확한 ☐ ☐ ☐

네 말이 **맞다**! 난 네 견해에 동의해.

You**'re right**! I agree with your point of view.

alright	좋은, 괜찮은

17

mean

mean-meant-meant

의미하다 의도하다

□ □ □

내 언어의 한계는 내 세계의 한계를 **의미하지요**.

The limits of my language **mean** the limits of my world.

18

even

심지어 ~조차

□ □ □

나의 전 여자 친구는 **심지어** 작별 인사**조차** 하지 않았어요.

My ex-girlfriend didn't **even** say goodbye.

19

such

그러한 그 정도의

□ □ □

그런 행동에 어울리는 변명은 없어.

There's no excuse for **such behavior**.

→ '앞서 언급한 것과 같은' 또는 '바로 다음에 언급할 그러한 것과 같은'의 의미를 담고 있는 단어이다.

20

last

마지막의 바로 전의, 지난

□ □ □

난 **지난밤**에 끔찍한 두통에 시달렸어요.

I had a horrible headache **last night**.

→ last night은 '마지막의 밤'으로, 오늘을 기준으로 하면 '지난밤' 또는 '어젯밤'을 의미한다.

21
really

정말로　실제로 □ □ □

이 책은 내가 **정말** 좋아하는 것을 찾을 수 있도록 내게 영감을 주었어요.
This book inspired me to find what I **really** like.

real　실제의
reality　현실
realize　깨닫다

22
company

회사　기업 □ □ □

회사의 행정팀이 인사 기록과 급여를 담당합니다.
The company's administration team handles employee records and wages.

23
life

삶　인생, 목숨, 생명(체) □ □ □

네 **인생**은 네 것이지.
Your life belongs to you.

24
change

변하다　바꾸다 □ □ □

나가기 전에 네 옷을 갈아입어라.
(= 나가기 전에 네 옷을 **바꿔라**.)
Change your clothes before you go out.

25
place 장소 곳 ☐ ☐ ☐

중요한 원본 문서는 **안전한 곳**에 보관하세요.
Keep important original documents in a safe place.

26
too 너무 역시, 마찬가지로 ☐ ☐ ☐

이 박스는 혼자 들기엔 **너무** 무거워요.
This box is too heavy to lift alone.

→ 너무 과하다는 부정적인 뉘앙스를 만들어 준다. 또한, '나 역시 마찬가지야(me too)', '이것도 마찬가지로(this too)' 등처럼 앞에 언급한 대상과 같다는 의미를 표현할 때도 사용한다.

27
still 여전히 아직도 ☐ ☐ ☐

많은 발전소들이 **여전히** 석탄으로 가동됩니다.
Many power plants still run on coal.

28
problem 문제 ☐ ☐ ☐

모든 문제에는 해결책이 있어.(= **모든 문제**는 해결책을 가지고 있다.)
Every problem has a solution.

→ 정도가 가볍지 않고 꽤 심각한 문제를 말한다. 학생들이 푸는 수학 '문제'를 뜻하기도 한다.

29
write 쓰다 작성하다 ☐ ☐ ☐

write-wrote-written

이 페이지의 아랫부분에 이름을 **쓰세요**.
Write your name at the bottom of this page.

→ 글씨나 문장, 글 등을 쓰는 행위.

writer 작가

30
lot

많음 다량, 다수

그녀는 독서에 많은 시간을 써요.
(= 그녀는 독서에 시간의 **많은 양**을 쓴다.)

She spends **a lot** of time on reading.

→ 대개 'a lot of ~', 'lots of ~'의 형태로 사용한다. '많은 ~', '~가 많은' 정도로
  해석하는 것이 자연스럽다.

31
great

거대한 대단한, 훌륭한

그는 **대단한** 유머 **감각**을 가지고 있어요.

He has **a great sense** of humor.

→ 물리적으로 외적 크기가 크다고 할 때도 쓰지만, '훌륭한', '대단한'과 같이
  긍정적인 느낌을 표현할 때도 자주 사용한다.

greatly   대단히

32
leave

떠나다 남겨 두다, 두다; 휴가

leave-left-left

그는 테이블 위에 휴대폰을 **놓고 왔다**고 꽤나 확신하네요.
(= 그는 테이블 위에 휴대폰을 **남겨 두었다**고 꽤나 확신한다.)

He is fairly certain that he **left** his phone on the table.

→ 어느 장소에서 나오거나 어떤 대상을 남겨 두고 떠나는 행동이다. 직장을 잠시
  남겨 두고 떠나는 '휴가'도 그래서 leave라고 한다.

33

own

자신의 자신이 소유한; 소유하다 ☐ ☐ ☐

워크숍에는 **자기 노트북**을 지참해야 합니다.
(= 워크숍에는 **당신 자신이 소유한 노트북**을 지참해야 한다.)
It's necessary to bring **your own laptop** to the workshop.

owner 소유자, 주인
ownership 소유(권)

34

part

부분 일부 ☐ ☐ ☐

몇몇 부분을 제외하면, 난 이 책에 전반적으로 동의해요.
Overall, I agree with this book, except for **some parts**.

partly 부분적으로
partner 동반자, 파트너
partnership 동반자 관계, 동업

35

little

작은 조금의, 조그마한 ☐ ☐ ☐

참새는 **작은 새**이다.
The sparrow is **a little bird**.

→ 크기나 양이 많지 않고 작거나 적음을 표현하는 단어이다.

less 더 적은
least 가장 적은

36

help

돕다 도움

이 상자들 나르는 걸 **도와줄 수 있나요?**

Can you **help** me carry these boxes?

helpful

도움이 되는

37

ask

질문하다 물어보다, 부탁하다

선생님이 **질문을 했고** 에이미는 답을 하려고 손을 들었어요.

The teacher **asked a question**, and Amy raised her hand to answer.

38

meet

만나다

meet-met-met

당신을 **만나게 되어** 영광입니다.

It's an honor **to meet** you.

→ 주로 새로운 사람을 만나는 행동, 새로운 사람을 알게 되는(통성명하는) 행동, 회의 등의 목적으로 모이는 행동을 묘사한다.

39

talk

말하다 이야기하다, 대화하다

당신의 감정과 느낌에 대해 **말하는 것이** 중요합니다.

It's important **to talk** about your emotions and feelings.

40

become

become-became-become

되다

수년간의 공부 끝에, 그는 의사가 **되었어요**.
After years of studying, he **became** a doctor.

41

interest

흥미 관심

그는 공부에 **흥미**를 잃었어요.
He lost **interest** in studying.

42

each

각각의 각자

학생들은 각자 자신의 노트북을 가져와야 합니다.
(= **각각의 학생**은 자신의 노트북을 가져와야 한다.)
Each student needs to bring their own laptop.

→ 어떤 집단이 있을 때, 그 속의 구성원 하나 하나 각각을 가리키는 뉘앙스이다.

43

high

높은

뉴욕은 **높은 생활비**로 잘 알려져 있지요.
New York is known for **its high cost of living**.

highly

높이, 대단히

44

different

다른 같지 않은

□ □ □

다른 문화를 이해하면 불필요한 전쟁을 예방할 수 있습니다.
(= **다른 문화**를 이해하는 것이 불필요한 전쟁을 예방할 수 있다.)

Understanding **different cultures** can prevent unnecessary wars.

difference   다름, 차이
differently   다르게
differ   다르다

45

next

다음의 옆의

□ □ □

그들은 리더의 **다음 명령**을 기다리고 있습니다.

They are waiting for **the next command** from their leader.

→ 시공간적으로 인접하여 '그 옆에 있는' 뉘앙스.

MP3 **020**

46
live

살다 생존하다

☐ ☐ ☐

영원히 **살 수 있다면**, 그건 놀라운 일일 겁니다.
If we **could live** forever, it would be amazing.

alive 살아 있는

47
include

포함하다

☐ ☐ ☐

이 여행 패키지에는 숙소와 식사가 **포함되어 있습니다**.
(= 이 여행 패키지는 숙소와 식사를 **포함한다**.)
The tour package **includes** accommodation and meals.

exclude 포함하지 않다, 배제하다

48
seem

~인 것 같다

☐ ☐ ☐

모든 것이 현재 정상적인 **것 같아요**.
Everything **seems** normal now.

→ '~이다'에 추측성('~인 것 같다')이 가미된 의미.

49
let

let-let-let

~하게 (허락)하다 그렇게 두다

☐ ☐ ☐

제 소개를 **하게 해 주세요**. 저는 제임스입니다.
Let me introduce myself. I am James.

→ '~를 하겠습니다' 하고 선언하는 게 아니라, '~를 하도록 허락해 주세요' 하고
상대방의 허락을 구하는 느낌이다. 주로 'let + 누구 + 행동'의 어순으로 '누가 ~
행동을 하게 허락해 주세요' 하는 뜻이 된다.

50
again

다시　한 번 더

일이 완전히 막혀 버렸나요? 잠시 쉬었다가 처음부터 **다시** 시작하세요.

Got stuck? Take a break and start **again** from the beginning.

51
kind

친절한　다정한

그녀는 **친절해요.** 언제나 다른 이들을 도와주죠.

She **is kind.** She always helps others.

52
keep

keep-kept-kept

계속하다　보관하다, 보유하다, 유지하다

독서는 당신의 두뇌를 **계속** 깨어 있게 **하는** 훌륭한 활동입니다.
(= 독서는 당신의 두뇌를 깨어 있는 상태로 **유지하는** 훌륭한 활동이다.)

Reading is a great activity **to keep** your brain active.

→ 어떤 것을 '계속 가지고 있거나 보관하는', 또는 '어떤 상태를 변함없이 계속 유지하는' 뉘앙스.

53
every

모든　각각의

모든 사람은 자신만의 고유한 장단점을 가지고 있다.

Every person has their own unique strengths and weaknesses.

→ 어떤 집단이 있을 때, 그 속의 구성원 하나 하나를 모두 지목하여 그 집단 전체를 일컫는 느낌을 주는 단어이다. every라는 단어 자체는 집단 속의 한 명/개를 가리키는 단수 표현이지만, 의미적으로는 그 각각이 모두 모인 집단 전체를 가리킨다.

everything	모든 것
everyone	모든 사람
everybody	모든 사람
everywhere	모든 곳

54

question

질문 의문 □ □ □

어떤 질문이라도 있으면 망설이지 말고 물어보세요.
Don't hesitate to ask if you have **any questions**.

55

set

set-set-set

설정하다 맞추다 □ □ □

새벽 6시로 알람을 **설정해** 주세요.
Please, set the alarm for 6 AM.

56

follow

따라가다 뒤따르다, 따르다 □ □ □

난 부모님의 조언을 **따랐어야 했어요.**
I **should've followed** my parents' advice.

→ 어떤 대상을 실제로 뒤에서 따라가는 행동 외에도, 조언이나 규칙 등을 따르고 지키는 행동까지를 의미한다.

57

begin

begin-began-begun

시작하다 □ □ □

미국의 학년은 8월에 **시작합니다.**
The academic year in the US **begins** in August.

58

important

중요한 □ □ □

당신의 감정과 느낌에 대해 말하는 건 **중요합니다.**
It's **important** to talk about your emotions and feelings.

importance 중요성

59

run

run-ran-run

달리다 뛰다, 작동하다, 운영하다 ☐☐☐

박물관 안에서 **뛰지 마세요.**
Do not run in the museum.

60

turn

돌리다 전환하다, 바꾸다 ☐☐☐

그는 화가 나면 얼굴이 빨개졌어요.
(= 그는 화가 나면 얼굴이 빨갛게 **바뀌었다.**)
His face **turned** red when he got angry.

→ 고개, 몸, 스위치 등의 각도를 돌려서 방향이나 상태를 바꾸는 행위를 말한다.

61

bring

bring-brought-brought

가져오다 야기하다 ☐☐☐

내일은 수업에 교과서를 **가져오세요.**
Please, bring your textbooks to class tomorrow.

62

state

상태 주(州) ☐☐☐

내 차는 낡았지만 여전히 **상태**가 양호합니다.
(= 비록 오래되었지만, 내 차는 여전히 **좋은 상태** 안에 있다.)
Even though it's old, my car is still in **a good state**.

→ 특정한 경우의 일시적 상태보다는, 일반적이고 늘 그러한 일상적인 상태를 말한다. 또, '오하이오주(the State of Ohio)' 같은 미국의 '주(州)'를 의미하기도 한다.

63

move

움직이다 이동하다, 가다 ☐☐☐

앞쪽으로 조금 **가 줄 수 있나요?**
(= 앞쪽으로 조금 **움직일 수 있나요?**)
Can you **move** forward a bit?

movement 움직임

64
however

그러나 하지만 □ □ □

그녀는 피아노를 잘 잘 쳐요. **하지만** 노래는 잘하지 못해요.
She plays the piano well. **However**, she's not good at singing.

65
area

구역 부분, 지역 □ □ □

피크닉 **구역**은 화창한 날씨를 즐기려는 가족들로 붐볐습니다.
The picnic area was crowded with families enjoying the sunny day.

66
provide

제공하다 공급하다 □ □ □

이 비영리 기관은 난민에게 도움을 **제공합니다**.
This non-profit agency **provides** aid to refugees.

provision   제공, 공급

67
name

이름 □ □ □

저 여성분의 얼굴은 낯익은데, **이름**이 기억나지가 않네요.
Her face looks familiar, but I can't remember **her name**.

68
read

읽다 독서하다

read-read-read

난 내셔널지오그래픽에서 야생 동물에 대한 흥미로운 기사를 **읽었어요.**

I **read** an interesting article about wild animals in *National Geographic*.

reader 독자

69
friend

친구

친구는 가까이 두고 적은 더 가까이 두어라.

(= **너의 친구**는 가깝게 유지하고, 너의 적은 더 가깝게 유지하라.)

Keep **your friends** close and your enemies closer.

friendship 우정

70
large

큰 대형의, 많은

이 보조 배터리는 **용량이 커요.**

(= 이 휴대용 배터리는 **큰 용량**을 가지고 있다.)

This portable battery has **a large capacity**.

largely 대체로

small   large

71
information

정보

가짜 뉴스는 대중에게 **틀린 정보**를 줍니다.

Fake news gives **false information** to the public.

inform (정보를) 알려 주다

72

open

열려 있는 열다 ☐ ☐ ☐

그 가게는 오전 11시부터 오후 8시까지 **열려 있습니다**.

The store **is open** from 11 AM to 8 PM.

73

order

순서 질서, 명령, 주문 ☐ ☐ ☐

난 내 책들을 **알파벳 순서**로 정리했어요.

I arranged my books in **alphabetical order**.

→ 어떤 일의 '순서'를 매기면 '질서'가 생겨난다. 그리고 그 질서를 유지하기 위해서는 때때로 '명령'이나 '주문'이 필요할 것이다. 이렇게 order의 다양한 의미가 파생되었다.

disorder   무질서

74

government

정부 통치 ☐ ☐ ☐

정부는 새로운 세제 개혁 계획을 발표했습니다.

The **government** announced a new tax reform plan.

→ '정부(government)'의 본질적인 뉘앙스는 '통치하다(govern)'이다.

govern   통치하다
governor   통치자, 운영자

75

word

단어 낱말, 말 ☐ ☐ ☐

지금 내 감정을 표현할 **적절한 단어**를 못 찾겠어.

I can't find **the appropriate words** to express my feelings now.

76

pay

지불하다 (요금, 비용) 내다 ☐ ☐ ☐

나는 헬스장의 연간 회원권 요금을 **납부했어요.**
I **paid** the annual membership fee for the gym.

payment   지불

77

build

build-built-built

건설하다 짓다, 세우다, 만들다 ☐ ☐ ☐

호숫가 바로 옆에 멋진 집을 **짓고 싶구나.**
I'**d like to build** a nice house next to the lake.

→ 세워 올리는 형식의 만들기, 주로 집이나 빌딩(building) 등의 건물을 건설하는
행동을 말한다.

78

hold

hold-held-held

잡다 들다, 고정하다, 유지하다, 견디다 ☐ ☐ ☐

이것 좀 잠깐 **들고 있어 줄래요?**
Can you **hold** this for a moment?

→ 어떤 대상을 잡아서 움직이지 못하게 고정하거나 그대로 있게 한다는 뉘앙스를
담고 있다.

holder   소유자, 거치대

79

believe

믿다 ☐ ☐ ☐

몇몇 사람들은 유령이 존재한다고 **믿어요.**
Some people **believe** that ghosts exist.

belief   믿음, 신념

80
love

사랑하다 사랑

□ □ □

그저 **사랑한다** 말하려고 전화했어요.
I just called to say I **love** you.

lovely 사랑스러운
lover 애인

81
increase

증가하다 인상하다

□ □ □

최근에 물가가 많이 **올랐어요**.
Prices **have increased** a lot recently.

increasingly 점점 더

82
job

일자리 일, 직업

□ □ □

현재 그는 빚을 갚기 위해 **두 가지 일**을 하고 있어요.
He is working **two jobs** to pay off his debts.

83
plan

계획

□ □ □

정부는 **새로운 세제 개혁 계획**을 발표했습니다.
The government announced **a new tax reform plan**.

84

result

결과

네 성적은 **네 시험 결과**에 달려 있지.

Your grade depends on **your exam results**.

85

away

떨어져　멀리 물러서는

그 도시는 여기에서부터 약 1,100 킬로미터 **떨어져 있어요**.

The city **is** about 1,100 kilometers **away** from here.

86

example

예　예시, 본보기

전쟁은 갈등의 **전형적인 예**입니다.

War is **the classic example** of conflict.

87

happen

일어나다

열정과 노력을 합쳤을 때, 엄청난 일이 **일어날 수 있지요**.

When you combine passion and effort, great things **can happen**.

→ 예상치 못한 일이나 사건이 우발적으로 일어난다는 뉘앙스이다.

88

offer

제의하다　제공하다

그 회사는 건강보험과 유급 휴가와 같은 복지 혜택**을 제공합니다**.

The company **offers** benefits like health insurance and paid leave.

89

young

젊은 어린 ☐ ☐ ☐

이 제품의 대상 고객은 **갓 성인이 된 청년들**입니다.

The target customers for this product are young adults.

90

close

닫다 덮다; (시간·공간) 가까운 ☐ ☐ ☐

문을 **닫아** 주세요.

Please, close the door.

→ close가 close relatives(가까운 친척)처럼 '가까운'의 의미로 쓰일 때는 발음이 '클로우스[klous]'에 가깝게 난다.

91
lead
lead-led-led

이끌다 연결하다, 잇다 ☐ ☐ ☐

잘못된 결정은 심각한 결과로 **이어질 수 있습니다.**
Bad decisions **can lead** to serious consequences.

→ 누군가가 A 지점에서 B 지점까지 사람들을 이끌고 갔다면, A와 B가 연결된
상태가 된다. 그래서 '연결하다', '이어지다'라는 의미도 가지게 되었다.

leader   지도자, 리더
leadership   지도력

92
buy
buy-bought-bought

사다 구입하다 ☐ ☐ ☐

난 호숫가 바로 옆에 지어진 그 집을 **사고 싶어요.**
I'**d like to buy** the house built next to the lake.

buyer   구매자

93
understand
understand-understood
-understood

이해하다 알아듣다 ☐ ☐ ☐

오해를 피하기 위해서는 맥락을 **이해하는 것**이 중요합니다.
To avoid any misunderstandings, it's important **to understand** the context.

94
far

멀리 떨어진 ☐ ☐ ☐

가장 가까운 주유소까지 얼마나 **떨어져** 있죠?
How **far** is it to the nearest gas station?

95
student
학생 ☐ ☐ ☐

이 소프트웨어는 **학생 할인가**로 구매 가능합니다.
The software is available at **a student discount**.

96
hope
희망하다 바라다; 희망, 기대 ☐ ☐ ☐

내 아들은 그 IT 기업에 고용되었으면 하고 **바라고 있어**.
My son **is hoping** to get hired by the
IT company.

hopefully   바라건대

97
cost
비용이 들다 비용, 값 ☐ ☐ ☐

cost-cost-cost

이 서비스는 얼마죠?
(= 이 서비스는 얼마의 **비용이 드나요**?)
How much **does** this service **cost**?

98
reason
이유 근거 ☐ ☐ ☐

아니라고 말한 **특별한 이유**가 있나요?
Is there **a particular reason** you said no?

99
form
형태 모습, 유형 ☐ ☐ ☐

난 **어떠한 형태**의 폭력도 찬성하지 않아요.
I don't approve of **any forms** of violence.

format   구성, 형식
formation   형성, 대형

100

spend

spend-spent-spent

쓰다 사용하다 □ □ □

그는 이메일에 답장하는 데 하루를 통째로 **썼어요.**

He **spent** the entire day replying to emails.

→ 주로 돈과 시간을 쓰는 경우에 사용한다.

101

learn

배우다 알게 되다 □ □ □

나는 지금 기본 영단어를 **배우고** 있어요.

Now I**'m learning** the basic English words.

102

person

사람 개인 □ □ □

보아하니 스티브가 이 일의 **최적임자**네요.

Steve is apparently **the best person** for the job.

personal	개인적인
personality	성격, 개성
personally	개인적으로
personnel	인원

103

experience

경험 경력; 겪다, 경험하다 □ □ □

지혜는 나이와 **경험**이 늘면서 생깁니다.

(= 지혜는 나이, **경험**과 함께 온다.)

Wisdom comes with age and **experience**.

104

once

한 번 언젠가, 일단 □ □ □

일단 그를 잘 알게 되면 괜찮은 녀석이란 걸 알게 될 거야.

Once you get to know him, you'll realize he's a nice guy.

→ 횟수로 한 번, 언젠가의 한때, 처음의 일단 등 기본적으로 어느 하나 또는 처음의 하나를 의미한다. once와 one은 같은 어원에서 나온 단어다.

105

enough

충분한 ☐ ☐ ☐

저는 그 일을 할 **충분한 시간**이 없어요.

I don't have **enough time** to do that.

106

able

할 수 있는 가능한 ☐ ☐ ☐

너 바다에서 수영**할 수 있어**?

Are you **able** to swim in the sea?

→ 주로 'be able to ~ (~를 할 수 있다)'의 형태로 사용한다.

ability　　능력
enable　　할 수 있게 하다
unable　　할 수 없는

107

support

지원하다 돕다, 지지하다, 뒷받침하다 ☐ ☐ ☐

당신의 주장을 **뒷받침할** 구체적인 증거가 필요합니다.

You need concrete evidence **to support** your claim.

supporter　　지지자, 후원자

108

present

현재 선물; 현재의, 참석한 ☐ ☐ ☐

현재는 우리에게 주어진 **선물**이지요.

The present is **a present** given to us.

109
side

측면 옆, 측, 면, 편 □ □ □

이 강은 너무 넓어서 **건너편**이 보이지 않네요.

The river is so broad that I can't see **the other side**.

110
quite

꽤 상당히 □ □ □

오늘은 기온이 **꽤** 온화합니다.

The temperature today is **quite** moderate.

111
sure

확신하는 확실한 □ □ □

걱정하지 마, 난 우리가 함께 이 폭풍을 이겨 낼 수 있을 거라 **확신해**.

Don't worry, **I'm sure** we can survive this storm together.

surely 확실히

112
term

기간 학기, 용어 □ □ □

부동산은 **괜찮은 장기 투자**가 될 수 있습니다.

Real estate can be **a good long-term investment**.

113
age

나이 나이가 들다 □ □ □

지혜는 **나이**와 경험이 늘면서 생깁니다.

Wisdom comes with **age** and experience.

114
low

낮은 □ □ □

나에게 **저지방 우유**는 물맛이에요.

Low-fat milk tastes like water to me.

115
speak

speak-spoke-spoken

speaker

말하다 목소리를 내다

좀 더 크게 **말해** 줄 수 있나요?
Can you **speak** louder?

말하는 사람, 스피커

116
public

공공의 대중의

미디어는 **대중의 의견(여론)**에 큰 영향을 끼칩니다.
The media greatly influences **public opinion**.

117
train

기차 열차; 훈련시키다

열차가 접근하고 있습니다. 노란 선 뒤에 서 주세요.
The train is approaching. Stay behind the
yellow line.

→ 동력을 가진 맨 앞의 기관차가 줄줄이 뒤따라오는 객실 칸을 견인하며 가는 것이
바로 기차이다. 이와 같은 맥락에서 train은 코치가 선수들을 끌고 가는 행동을
묘사하는 '훈련시키다'라는 의미까지 가지게 되었다.

118
possible

impossible
possibility
possibly

가능한 일어날 법한

나는 결정을 내리기 전에 **일어날 법한 결과**를 고려합니다.
I consider **possible consequences** before
making decisions.

불가능한
가능성
최대한 대로, 아마도

119
actually

실제로는 사실은 ☐ ☐ ☐

휴대폰을 잃어버린 줄 알았는데 **사실은** 내 가방 안에 있었더라고.
I thought I'd lost my phone, but **actually**, it was in my bag.

actual   실제의

120
rather

오히려 차라리 ☐ ☐ ☐

오늘 밤엔 밖에 나갈 바에야 **차라리** 집에 있어야겠다.
I'd **rather** stay home than go out tonight.

→ 가령, 'A를 할 바에는 차라리 B를 하겠다'라고 할 때의 '차라리', '오히려'의 느낌에 해당하는 단어이다.

121
view

시야 경관, 견해, 관점 ☐ ☐ ☐

그는 이민에 대해 **보수적인 견해**를 가지고 있어요.
He holds **conservative views** on immigration.

→ 시각을 통해 들어온 경관 혹은 어떤 사물이나 개념 등을 바라보는 태도, 즉 '견해'나 '관점'을 의미한다.

122
together

함께 다 같이, 모두 ☐ ☐ ☐

어려움에 **함께** 맞서면서 아내와 나는 서로 더욱 견고한 유대를 형성하게 됐어요.
Facing challenges **together**, my wife and I built a stronger bond with each other.

altogether   모두 합쳐서

123
consider

고려하다 생각하다 ☐ ☐ ☐

나는 결정을 내리기 전에 일어날 법한 결과를 **고려합니다**.
I **consider** possible consequences before making decisions.

consideration　　고려, 숙고

124
price

가격 값, 물가 ☐ ☐ ☐

나는 온라인으로 구매하기 전에 언제나 **가격**을 비교합니다.
I always compare **prices** before buying online.

125
parent

부모 (중 한 명) ☐ ☐ ☐

부모님은 내가 최선을 다할 수 있게 항상 격려해 주세요.
My parents always encourage me to do my best.

→ 복수형 parents는 부모 두 사람 모두를 의미한다.

126
local

지역의 현지의, 동네 안에 있는 ☐ ☐ ☐

동네 공원의 중요성에 대해 인지하고 계시나요?
Are you aware of the importance of **local parks**?

→ 전체가 아닌 일부에 국한된 뉘앙스. 전국적이지 않고 특정 고장이나 지역 안에서의 일이라는 느낌을 낼 때, 또는 세계적이지 않고 특정 국가 안에서만 해당된다는 느낌을 낼 때 사용한다.

127
already

이미 벌써 ☐ ☐ ☐

이런, 콘서트 티켓이 **이미** 매진이네요!
Gee, the concert tickets are **already** sold out!

128
concern

우려 (염려스러워서 생긴) 관심사 ☐ ☐ ☐

회사의 주요 **관심사**는 고객 만족도입니다.
The company's main concern is customer satisfaction.

→ concern은 기본적으로 걱정이나 우려스러운 심리를 내포한다. 걱정스러운 마음에 자꾸 관심을 가지게 되는 관심사를 의미하기도 한다.

129
product

제품 생산물, 결과물 ☐ ☐ ☐

이 **제품**은 상당히 많은 소비자 리뷰를 받았습니다.
This product has received a lot of consumer reviews.

production   생산
produce   생산하다
producer   생산자

130
lose

잃어버리다 ☐ ☐ ☐

lose-lost-lost

난 어제 스마트폰을 **잃어버렸어요**.
I **lost** my smartphone yesterday.

131
almost

거의 ☐ ☐ ☐

영화 〈인터스텔라〉는 **거의** 3시간이야.
The movie *Interstellar* is **almost** three hours long.

132
continue

계속하다 이어지다 ☐ ☐ ☐

그 증상이 **계속된다면** 의사와 상담하세요.
If the symptoms **continue**, consult your doctor.

continuous   계속되는

133
stand

stand-stood-stood

서다 일어서다, 참다, 견디다

자신의 결정을 믿고 흔들리지 마라.
(= 네 결정 위에 확고하게 **서라.**)
Stand firm on your decision.

→ stand는 일반적으로 일어서는 행동 외에도 외압이나 고통, 오랜 시간 등에
굴하지 않고 그대로 서 있는 행동을 의미한다. 여기에서 참고 견디는 의미가
파생되었다.

134
whole

전부의 전체의, 모든

밤새 눈이 **도시 전체**를 덮어 버렸습니다.
The snow covered **the whole city** overnight.

135
yet

지금까지 아직, 이미, 벌써

전 **아직** 식사를 마치지 않았습니다.
(= **지금까지도** 식사를 마치지 않았습니다.)
I haven't finished my meal **yet**.

→ 문장에 yet이 들어가면 과거부터 지금까지 이어지는 시간 배경이 설정되어
'(과거부터) 지금까지'의 뉘앙스가 생긴다. 이 뉘앙스가 부정문에 붙으면 '과거부터 부정
이었고 지금까지도 부정인', 즉 '아직 (지금까지도) 못했다/아니다'라는
의미가 된다. 또, 이 뉘앙스가 긍정문에 붙으면 '과거부터 긍정이었고
지금까지도 긍정인', 즉 '이미 (과거부터) 다했다/그랬다'는 의미가 형성된다.

136
rate

비율 요금

☐ ☐ ☐

이 대출의 **이자율**은 꽤 높습니다.

The interest rate on this loan is quite high.

→ 택시 요금, 주차비 등과 같이 '시간이나 기간 등에 비례하여 부과되는 요금'을 말하기도 한다.

137
care

보살핌 돌봄, 주의, 조심

☐ ☐ ☐

소포를 **조심**히 다뤄 주세요.(= 소포를 **조심**과 함께 다뤄 주세요.)

Handle the package with **care**.

→ 신중하고 세심하게 신경 쓰는 것을 뜻한다. 그 대상이 사람이라면 보살핌이나 간호가 되며, 사물이라면 (파손되지 않게) 조심히 다루는 것이 된다.

careful   조심하는, 신중한
carefully   신중히

138
expect

예상하다 기대하다

☐ ☐ ☐

난 금요일까지는 택배를 받을 것으로 **예상하고 있어요**.

I **expect** to receive the package by Friday.

→ 바람대로 되기를 희망하는 마음, 예상하는 마음을 표현할 때 사용한다.

expectation   기대

139
effect

효과 영향

☐ ☐ ☐

타이레놀은 나에게 **효과**가 없어요.

Tylenol has no **effect** on me.

effective   효과적인
effectively   효과적으로

140
sort

종류 유형, 부류

☐ ☐ ☐

어떤 종류의 음악을 좋아하나요?
What **sort** of music do you like?

141
ever

언제나 지금까지, 전부, 모두

☐ ☐ ☐

한 번이라도 뱀 고기를 먹어 본 적이 있니?
(= **지금까지의 시간 중에서** 뱀 고기를 먹어 본 적이 있니?)
Have you **ever** tried snake meat?

→ ever는 '전부'나 '모두'의 뉘앙스를 나타낸다. 대개 과거, 현재, 미래의 모든 시간을 아우르는 느낌이다. 예를 들어, evergreen은 언제나 푸르른 '상록수'를 의미하며, whatever는 '무엇 모두', 즉 '무엇이든지'이고, whenever는 '언제 모두', 즉 '언제든지'의 의미가 된다.

→ 또한 ever는 문장의 맥락에 따라 '과거부터 지금까지'만을 의미하기도 한다 (미래는 아직 오지 않은 시간이므로). 지금까지의 기간 가운데 (언제인지는 상관없이) 한 번이라도 그랬던 적이 있다는 긍정의 느낌을 보여준다. ever의 반대말은 한 번이라도 그러한 적이 없다는 부정의 느낌을 표현하는 never이다. not과 ever의 합성어인 never는 '언제나 ～가 아닌', '한 번도 ～가 아닌', '결코 ～가 아닌'의 의미이다.

whatever 무엇이든지
whenever 언제든지
wherever 어디든지
whoever   누구든지

142
cause

원인 이유; 야기하다

☐ ☐ ☐

난폭 운전이 교통사고의 **주요 원인**입니다.
Aggressive driving is **a major cause** of traffic accidents.

143
fall

넘어지다 쓰러지다, 떨어지다

☐ ☐ ☐

fall-fell-fallen

그는 얼어붙은 계단에서 **넘어졌어요**.
He **fell** on the icy steps.

144
deal

거래하다
대처하다, 상대하다, 처리하다; 거래, 협상 □ □ □

deal-dealt-dealt

어떻게 스트레스를 해소하나요?
(= 어떻게 스트레스에 **대처하나요**?)
How **do** you **deal** with stress?

→ deal은 카드 게임에서 카드를 나눠 주거나 게임을 운영하는 행동을 말한다.
여기에서 비유적으로 어떤 일을 상대하거나, 처리하거나, 거래하는 행동을
의미하기도 한다.

dealer

딜러, 거래 중개인

145
send

보내다 발송하다 □ □ □

send-sent-sent

회의 세부 사항을 제게 **보내 주세요.**
Please, send me the details of the meeting.

146
allow

허락하다 허용하다 □ □ □

이 식당에서는 금연입니다.(= 이 식당은 흡연을 **허용하지 않는다.**)
This restaurant **doesn't allow** smoking.

147
soon

곧 머지않아 □ □ □

곧 비가 올 것 같은데요.
It's likely to rain **soon**.

148
watch

보다 주시하다 □ □ □

잭은 극장에서 영화 **보는 것**을 매우 좋아합니다.
Jack loves **watching** movies at the theater.

→ 영화를 보거나 횡단보도를 건널 때 좌우를 살펴보는 것처럼 의도적으로 관심을
기울여 잘 보는 행위를 말한다.

149
base
토대 바닥, 기초, 기지

이 케이크의 **바닥**은 초콜릿 비스킷으로 만들어졌어요.

The base of this cake is made of chocolate biscuits.

→ 어떤 대상의 실제 물리적인 바닥이나 맨 아랫부분, 기초를 의미한다. 또는 어떤 일의 시작 지점이나 근거지, 즉 '베이스캠프(basecamp)' 등을 말할 때도 쓴다.

150
probably
아마도

당신은 **아마도** 이 이야기를 전에 들어본 적이 있을 겁니다.

You've **probably** heard this story before.

probability   확률

151
suggest
제안하다 추천하다, 시사하다

아내는 새로 생긴 이탈리안 레스토랑에 한번 가보자고 **제안했어요**.

My wife **suggested** trying the new Italian restaurant.

suggestion   제안

152
visit
방문하다 들르다; 방문

이번 주말에 부모님 댁에 **들를** 생각입니다.

I am going to visit my parents this weekend.

visitor   방문객

153
grow
grow-grew-grown
자라나다 성장하다, 커지다

아이들은 금방 **자랍니다**.

Children **grow up** quickly.

growth   성장

154
return

돌아오다 돌려보내다, 반납하다 ☐ ☐ ☐

대출 도서는 2주 안에 **반납하세요.**
Return the borrowed books within two weeks.

→ return은 돌아오거나 돌려보내는 행동을 묘사한다. 대출 도서는 다시
도서관으로 돌려보내야 하므로 '반납하다'는 의미가 되기도 한다.

155
walk

걷다 걸어가다 ☐ ☐ ☐

우리는 해변을 따라 **걸으면서** 조개껍데기를 모았습니다.
We collected seashells **walking** along the beach.

156
matter

문제 사안; 문제 되다 ☐ ☐ ☐

다른 사람들이 어떻게 생각하는지는 **중요하지 않습니다.**
(= 다른 사람들이 무엇을 생각하는지는 **문제가 되지 않는다.**)
It **doesn't matter** what other people think.

157
mind

마음 정신; 꺼리다, 상관하다 ☐ ☐ ☐

제 마음을 바꿨습니다. 이거 안 팔래요.
I've changed **my mind**. I will not sell this.

→ 우리는 무언가 마음에 내키지 않으면 신경 쓰게 되고 꺼리게 되는데,
이 '꺼리다'라는 의미는 '마음'에서 나왔다고 볼 수 있다.

158
value

가치 물건의 값어치 ☐ ☐ ☐

그 주택의 **가치**는 몇 년 동안 증가했습니다.
The value of the house has increased over the years.

valuable　　　　가치가 높은, 귀중한

159
record

기록 기록하다, 녹화하다 ☐ ☐ ☐

이 건강 앱을 통해서 **당신의 의료 기록**을 의사와 공유할 수 있습니다.
Through this health app, you can share **your medical record** with your doctor.

160
stay

머무르다 남다, 계속 그렇게 있다 ☐ ☐ ☐

오늘 밤엔 밖에 나갈 바에야 차라리 집에 **있어야겠다.**
I'd rather **stay** home than go out tonight.

→ 어딘가로 움직이거나 이동하지 않고 그 상태 그대로 가만히 있는 행동을 말한다.

161
force

힘 물리적인 힘; (강제로) 하게 하다 ☐ ☐ ☐

중력은 두 물체가 서로를 향해 끌어당기는 **힘입니다.**
Gravity is **the force** that attracts two objects towards each other.

162
several

몇몇의 몇 번의 ☐ ☐ ☐

몇 번의 시도 끝에 고양이는 마침내 물고기를 낚아챘습니다.
After **several attempts**, the cat finally got the fish.

163
light

빛 등; 가벼운 ☐ ☐ ☐

밖이 어두워지면 **전등**이 자동으로 켜집니다.
The lights turn on automatically when it gets dark outside.

→ 빛 또는 빛을 내는 물체(등, 전구)를 말한다. 또 무게나 비중이 '가벼운'의 의미도 있다.

highlight   하이라이트; 강조하다

164
develop

개발하다 성장하다 ☐ ☐ ☐

과학자들이 새로운 백신을 **개발하기 위해** 노력하고 있습니다.
Scientists are trying **to develop** a new vaccine.

development 개발

165
remember

기억하다 잊지 않다, 명심하다 ☐ ☐ ☐

저 여성분의 얼굴은 낯익은데, 이름이 **기억나지 않네요.**
Her face looks familiar, but I **can't remember** her name.

166
bit

작은 조각 (컴퓨터) 비트 ☐ ☐ ☐

초콜릿 **한 조각**은 언제나 날 기분 좋게 만들어요.
A bit of chocolate always makes me feel good.

167
share

공유하다 나누다; 몫, 주식 ☐ ☐ ☐

네 짐을 사람들과 **나누어라.** 그러면 더 가벼워질 거야.
Share your burden, and it will become lighter.

→ 주변 사람들과 나누거나 공유하는 행동을 뜻한다. 그래서 기업의 자본을
  나눠 놓은 지분이나 주식도 share이다.

shareholder 주주

168
answer

대답하다 응답하다; 대답, 해답 ☐ ☐ ☐

선생님이 질문을 했고 에이미는 **답을 하려고** 손을 들었어요.
The teacher asked a question, and Amy raised her hand **to answer**.

169

sit

sit-sat-sat

앉다

□ □ □

우리는 콘서트에서 맨 앞줄에 **앉았어요.**

We **sat** in the front row at the concert.

170

figure

수치 | 숫자, 도표, 인물(의 형태)

□ □ □

그 회사의 연간 보고서는 언제나 **인상적인 수치**를 보여 줍니다.

The company's annual report always shows **impressive figures.**

→ 특정한 의미를 가진 숫자나 수치를 말한다. 여기에서 쓰임새가 확장되어 숫자나 수치를 보여 주는 도표, 특정 인물(상)을 의미하기도 한다.

171

letter

편지 | 글자, 문자

□ □ □

난 (예전에) 매일 아내에게 **편지**를 썼었어요.

I used to write **a letter** to my wife every day.

172

decide

결정하다

□ □ □

그 도시는 모든 공원에서 흡연을 금지하기로 **결정했습니다.**

The city **decided** to ban smoking in all parks.

decision   결정

173
language
언어
☐ ☐ ☐

언어가 의사소통의 장벽이 될 때가 가끔 있습니다.
Sometimes, **language** becomes a barrier to communication.

174
subject
주제   대상, 과목
☐ ☐ ☐

대화가 정치로 넘어가자, 그녀는 빨리 **주제**를 바꾸었어요.
She quickly changed **the subject** when the conversation turned to politics.

175
break
break-broke-broken
휴식   끊어지다, 부서지다, 깨지다, 고장 나다
☐ ☐ ☐

잠깐 쉬면서 커피 한잔합시다!
(= 잠깐 **휴식**을 가지고, 커피 한 잔을 붙잡읍시다!)
Let's take **a break** and grab a cup of coffee!

→ 하고 있던 일을 끊고 멈추는 것이 '휴식'을 의미하기에, break는 '끊다(부서지다)', 여기에서 나아가 '고장 나다'라는 의미와 '휴식'의 의미를 동시에 갖게 되었다.

176
clear
명확한   확실한, 깨끗한, 투명한
☐ ☐ ☐

이 일을 완수하기 위해선 **명확한 지시**가 필요합니다.
I need **clear instructions** to complete the task.

clearly   명확히
clean   깨끗한
unclear   불명확한

177
ago
전에
☐ ☐ ☐

아버지는 수년 **전에** 돌아가셨지만 난 어제 일처럼 느껴져요.
My father died many years **ago**, but I feel like it was yesterday.

→ 시간을 나타내는 단어 뒤에서 '그 시간 전에'를 의미.

178
remain

남아 있다 여전히 있다 ☐ ☐ ☐

많은 질문이 답변을 받지 못한 채로 **남아 있습니다**.
Many questions **remain** unanswered.

179
top

꼭대기 정상 ☐ ☐ ☐

산 **정상**에서 보는 경치가 숨이 멎을 정도로 아름다워요.
The view from **the top** of the mountain is breathtaking.

180
win

win-won-won

승리하다 이기다, 수상하다 ☐ ☐ ☐

그 영화는 아카데미 네 개 부문을 **수상했습니다**.
The movie **won** four Academy Awards.

→ 게임이나 경쟁에서 이기는 것도, 대회에서 이겨 상을 받는 것도 모두 win으로 표현할 수 있다.

winner 승자, 수상자

MP3 **023**

181
involve

포함하다 관련시키다, 참여시키다 ☐ ☐ ☐

나는 네 개인적인 문제에 **엮이고** 싶지 않아.
(= 나는 네 개인적인 문제에 **관련되는 것**을 원치 않아.)

I don't want **to get involved** in your personal issues.

→ 위 예문에서, get involved는 나의 의지와 상관없이 어떤 일에 내가 포함되게 된다로, 즉 어떤 일에 엮이게 되는 의미이다.

involvement   관련, 개입

182
reach

도달하다 닿다, 미치다 ☐ ☐ ☐

오랜 협상 끝에 그들은 합의에 **도달했습니다**.

They **reached** an agreement after long negotiation.

→ 쭉 뻗어 나가서 목표에 닿는 행동, 목적지에 도달하는 행동을 묘사한다.

183
social

사회적인 ☐ ☐ ☐

의사소통 능력을 기르기 위해서 아이들은 **사회적 상호작용**이 필요합니다.

Children need **social interaction** to develop communication skills.

society   사회

184
period

기간 시기

많은 예술가들이 **르네상스 시기**에 등장했습니다.

Many artists emerged during **the Renaissance period**.

185
history

역사

우리는 **역사의 실수**로부터 배워야 합니다.

We should learn from **history's mistakes**.

historic 　　　역사적으로 중요한, 역사적인
historical 　　역사상의
historian 　　　사학자

186
create

창조하다 만들다

인공 지능은 우리가 한 번도 상상하지 못했던 새로운 일자리를 **창조할 겁니다**.

AI **will create** new jobs we've never imagined.

→ 기존에 없던 것을 새로 만드는 행위, 즉 창조하는 행위를 말한다.

creation 　　창조
creative 　　창의적인
creature 　　창조물, 생명체

187

drive

drive-drove-driven

운전하다 움직이게 하다

□ □ □

그는 택시 운전사예요. (= 그는 택시를 **운전한다**.)

He **drives** a taxi.

→ 근본적인 의미는 '어떤 장비나 도구 등에 힘이나 동력을 주어 움직이게 한다' 이다. 일상에서는 주로 차량을 운전한다는 의미로 사용한다.

driver

운전자, 동인

188

political

정치의 정치적인

□ □ □

뉴스 매체에서 **정치적 편향**은 쉽게 발견됩니다.

It is easy to see **political bias** in news media.

politician
politics

정치인
정치

189

free

자유로운 무료의

□ □ □

스트레스 심했던 일을 그만두고 나니 마음이 편해졌어요.
(= 그 스트레스 가득한 일을 그만두고서 난 **자유로운** 감정을 느꼈다.)

I felt **free** after quitting the stressful job.

freedom

자유

190

receive

받다 받아들이다

□ □ □

그들은 신제품에 대한 문의를 몇 건 **받았습니다**.

They **received** several inquiries about their new products.

→ 배구 등의 스포츠에서 상대방의 서브를 받는 행위가 바로 리시브(receive)이다.

191
moment

순간 잠깐, 때 □ □ □

이것 좀 **잠깐** 동안 들고 있어 줄래요?

Can you hold this for a moment?

→ moment는 아주 짧은 시간의 순간을 말한다. 그런 짧은 시간 동안, 즉 '잠깐(만)'은 for a moment라고 표현한다.

192
policy

정책 방침 □ □ □

대통령이 기자 회견 중에 **새로운 정책**을 발표할 것입니다.

□ □ □ The president will announce **a new policy** during the press conference.

193
further

더 멀리 더 □ □ □

더 설명해 줄래요?

Can you explain further?

→ further는 far(먼, 멀리)보다 더 멀리를 의미하는 비교급 far+er에서 유래했다. 실제로 더 멀리 떨어져 있음을 표현할 수도 있으나, 대개는 추상적이거나 비유적으로 어떤 개념적 영역의 더 멀음/깊음을 묘사하는 데 사용한다.

194
body

몸 사람, 본체, 시체 □ □ □

마라톤을 뛰고 나서, **몸 전체가** 쑤시고 피곤했다.

After running a marathon, my whole body was sore and tired.

→ body는 '사람' 또는 (영혼과 대비되는) '육체', 심지어 '시체'의 의미도 지닌다. 비유적으로는 (팔과 다리 같은 부수적인 부분이 아닌) '몸통'이나 '본문' 등 중심 부분을 가리키기도 한다.

everybody	모든 사람
somebody	어떤 사람
nobody	0명
anybody	아무 사람

195
require

필요로 하다 ☐ ☐ ☐

아기는 지속적인 관심을 **필요로 합니다**.
Babies **require** constant attention.

requirement 요구 사항

196
wait

기다리다 대기하다 ☐ ☐ ☐

난 삼십 분 동안 버스를 **기다리는 중이에요**.
I **have been waiting** for the bus for 30 minutes.

197
general

일반적인 전반적인 ☐ ☐ ☐

일반적으로, 호수는 겨울에 업니다.
In general, lakes freeze in winter.

generally 일반적으로

198
appear

나타나다 ~인 것 같다, ~로 보이다 ☐ ☐ ☐

마술사는 모자에서 비둘기가 **나타나게 했어요**.
The magician **made** a pigeon **appear** out of the hat.

→ 안 보이던 것이 나타나면 보이게 된다. 서서히 나타나면 '(외형이) 마치 ~인 것처럼 보이기' 시작할 것이다. 그래서 appear는 '나타나다', '(겉모습이) ~처럼 보이다', '~인 것 같다'라는 의미를 나타낸다.

appearance 외모, 모습
disappear 사라지다

199
individual

개인 개개인의, 각각의 ☐ ☐ ☐

개인 각각은 자신만의 고유한 장단점을 가지고 있습니다.
Each individual has their own unique strengths and weaknesses.

200
full
가득 찬

□ □ □

그 잔이 맥주로 **가득 차** 있네.
The glass **is full** of beer.

fully   완전히, 충분히

201
sense
감각

□ □ □

그는 유머 **감각**이 있어요.
He has **a sense** of humor.

→ 사람의 다섯 가지 감각인 '오감'은 five senses이다. 오감을 넘어선 초감각적인
느낌을 '여섯 번째 감각' 즉 '육감(sixth sense)'이라고 한다.

202
perhaps
어쩌면   아마도

□ □ □

제인이 전화를 받지 않네. **아마도** 바쁜가 보다.
Jane is not answering the phone. **Perhaps**
she's busy.

203
add
더하다   추가하다

□ □ □

피자에 좋아하는 토핑 **추가하는 것**을 잊지 마세요!
Don't forget **to add** your favorite toppings to the
pizza!

addition   추가, 더하기
additional   추가적인

204

rule

규칙 원칙

이 규칙에는 예외가 없습니다.
There's no exception to **this rule**.

205

sell

sell-sold-sold

팔다 판매하다

제 마음을 바꿨습니다. 이거 **안 팔래요**.
I've changed my mind. **I will not sell** this.

206

agree

동의하다 찬성하다

맞아! 난 네 견해에 **동의해**.
That's right! **I agree with** your point of view.

agreement   동의
disagree   동의하지 않다

207

law

법 법률

새로운 법은 내년에 시행될 것입니다.
The new law will take effect next year.

lawyer   변호사

208
research

연구

데이터 분석은 **어느 연구**에서든 가장 중요한 부분입니다.
Data analysis is the most crucial part in **any research**.

researcher   연구자

209
cover

덮다 가리다; 덮개; 담당하다, 다루다

난 그 음식을 알루미늄 호일로 **덮었어요**.
I **covered** the dish with aluminum foil.

→ 어떤 일을 책임지고 맡아서 담당하는 행동도 그 일을 온전히 덮는 행동으로 비유하여 cover로 표현한다.

coverage   (다루는) 범위

210
position

위치 자리

이 일자리에는 최소 2년의 경력이 필요해요.
This job position needs a minimum of two years of experience.

→ 물리적 위치뿐 아니라 비유적으로 직책이나 역할 등과 같은 '자리'를 의미하기도 한다.

211
near

가까운 근처의

네 모든 노고를 보상받을 날이 **머지 않았어**.
(= 네 모든 노고를 보상받을 시기가 **가까이 있다**.)
The day **is near** when all your hard work will pay off.

nearby   가까운 곳의; 인근에

212

situation

상황　처지

□ □ □

그녀는 혼자서 **이 상황**을 처리할 수 있어요.

She can handle **this situation** on her own.

→ 어떤 문제나 일 등에 처한, 놓인 상황을 말한다.

situate

(위치·상황에) 놓다, 두다

213

activity

활동　움직임

□ □ □

등산이나 캠핑 같은 **야외 활동**은 가을에 인기가 많습니다.

Outdoor activities such as hiking and camping
are popular in fall.

act 　　　　행동하다
action 　　　조치, 행동
active 　　　활동적인, 적극적인
actor 　　　　배우

214

war

전쟁

□ □ □

다른 문화를 이해하면 **불필요한 전쟁**을 예방할 수 있습니다.

Understanding different cultures can prevent
unnecessary wars.

215

account

계좌　장부, 계정

□ □ □

내 구글 계정 비밀번호를 잊어버렸어요.

I forgot the password for **my Google account**.

→ 원래 중요한 내용(금액 등)을 적어 놓는 장부를 의미했다. 오늘날에는 은행 계좌나
온라인 사이트의 회원 계정 등을 뜻할 때 사용한다.

216
major

주요한 중대한, (중요도가) 큰 ☐ ☐ ☐

난폭 운전이 교통사고의 **주요 원인**입니다.

Aggressive driving is **a major cause** of traffic accidents.

majority   다수
minor   (중요도가) 작은
minority   소수

217
special

특별한 ☐ ☐ ☐

많은 정부가 술과 담배에 **특별세**를 부과한다.

Many governments impose **special taxes** on alcohol and tobacco.

→ 일반적이지 않고 특별하다는 뉘앙스이다. 일반적이지 않은 전문가 수준의 사람이나 전문의를 뜻하는 specialist나 '전공/전문으로 하다'라는 의미의 specialize도 special에서 파생되었다.

specialist   전문가, 전문의
specialize   전공하다, 전문으로 하다

218
condition

상태 조건 ☐ ☐ ☐

그 고서는 놀랍도록 **상태가 양호**합니다.
(= 그 오래된 책은 놀라울 정도로 **양호한 상태** 안에 있다.)

The old book is in remarkably **good condition**.

→ 늘 그러한 일반적인 상태보다는 어느 특정한 일시적 상태를 말할 때 사용한다. 가령, '오늘 몸 컨디션(condition)이 안 좋다'라고 하면 늘 몸이 안 좋은 게 아니라, 오늘만 일시적으로 상태가 안 좋다는 의미.

219
carry

실어 나르다 들고 다니다 ☐ ☐ ☐

이 상자들 **나르는 것**을 도와줄 수 있나요?

Can you help me **carry** these boxes?

220

choose

choose-chose-chosen

선택하다

☐ ☐ ☐

넌 이 두 가지 선택사항 중에 하나를 **선택해야 해.**
You **must choose** one of the two options.

choice

선택

221

certain

확실한 **특정한**

☐ ☐ ☐

어젯밤에 그를 본 게 **확실하니?**
Are you **certain** that you saw him last night?

certainly
uncertainty

분명히
불확실성

222

forward

앞으로 **앞쪽으로**

☐ ☐ ☐

앞쪽으로 조금 가 줄 수 있나요?
Can you move **forward** a bit?

223

main

주된 **주**

☐ ☐ ☐

회사의 주요 관심사는 고객 만족도입니다.
The company's main concern is customer
satisfaction.

→ 보조적이거나 부수적인 것이 아닌 주요한 것, 핵심적인 것을 가리킨다.

mainly

주로

224

die 죽다 ☐ ☐ ☐

아버지는 수년 전에 **돌아가셨어요.** 하지만 전 그게 어제 일처럼 느껴집니다.

My father **died** many years ago, but I feel like it was yesterday.

death 죽음
dead 죽은

225

born 태어난 타고난, 천부적인 ☐ ☐ ☐

아이작 뉴턴은 크리스마스날 **태어났어요.**

Isaac Newton **was born** on Christmas Day.

→ born은 '낳다(bear)'에서 파생된 단어로 직역하면 '낳아지게 된'의 의미이다. 자연스럽게 '태어난'으로 이해하면 쉽다.

bear 낳다, 품다

CHAPTER 2

최고 빈도

226-425

226
describe

묘사하다 서술하다, 설명하다 ☐ ☐ ☐

얼마나 감사한지 말로 다 **설명할 수가 없어요.**
Words **can't describe** how grateful I am.

description 묘사, 설명

227
available

가용한

사용할 수 있는, 구할 수 있는, 구매할 수 있는 ☐ ☐ ☐

그의 신작은 현재 아마존에서 **구매할 수 있습니다.**
His new book **is** now **available** from Amazon.

→ 대개, 재고가 있어서 물품이 구매 가능하거나, 시간이 있어서 누군가와 만날 수 있다는 뉘앙스로 사용한다.

228
especially

특히 특별히 ☐ ☐ ☐

모자를 써, **특히** 햇빛이 강할 때는 말이야.
Wear a hat, **especially** when the sun is strong.

229
rise

오르다 올라가다, 뜨다 ☐ ☐ ☐

rise-rose-risen

태양은 동쪽에서 **뜨지요.**
The sun **rises** in the east.

→ 다른 대상을 띄우거나 올리는 것이 아니라, 문장 앞에 나온 주체(주어)가 직접 떠오르거나 오르는 느낌이다.

230
maybe

아마도 어쩌면 ☐ ☐ ☐

어쩌면 그는 그저 널 좋아하는 것일지도 몰라.
Maybe he just likes you.

231
community

공동체 지역 사회 ☐ ☐ ☐

그 축제는 **우리 지역 사회**의 큰 행사입니다.
The festival is a big event in **our community**.

→ 공동체를 이루며 사는 사회적 동물에게 상호 의사소통은 필수적이다. '의사소통
(communication)'을 하기에 '공동체(community)'라고도 할 수 있을 것이다.

communicate   의사소통하다
communication   의사소통

232
else

다른 그 밖의 ☐ ☐ ☐

그 밖의 다른 어떤 분이 학회에 오시나요?
Who else is coming to the conference?

→ 문맥상 앞에 언급된 사람이나 대상을 제외하고, '그 외의', '그 밖의 다른'의
의미이다.

elsewhere   다른 어딘가에서

233
particular

특정한 특별한 ☐ ☐ ☐

아니라고 말한 **특별한 이유**가 있나요?
Is there **a particular reason** you said no?

particularly   특별히

234
role

역할 ☐ ☐ ☐

제인은 그 프로젝트에서 **중요한 역할**을 했어요.
Jane played **an important role** in the project.

235

join

가입하다 함께하다, 연결하다, 참여하다 ☐☐☐

난 그 요가 수업에 **참여하기**로 했어요.
I decided **to join** the yoga class.

236

difficult

어려운 ☐☐☐

시험은 내가 예상했던 것보다 더 **어려웠어요**.
The exam **was** more **difficult** than I expected.

difficulty   어려움

237

detail

세부 사항 디테일 ☐☐☐

회의 **세부 사항**을 제게 보내 주세요.
Please, send me **the details** of the meeting.

238

health

건강 보건, 의료 ☐☐☐

식단과 **건강**은 밀접한 연관성이 있습니다.
There's a strong connection between diet and **health**.

healthy   건강한

239

eat

eat-ate-eaten

먹다 식사하다 ☐☐☐

비건은 고기, 계란, 유제품을 **먹지 않아요**.
Vegans **don't eat** meat, eggs, or dairy products.

240
true

사실인 맞는, 정확한, 참된 ☐ ☐ ☐

대부분의 사람들은 **그의 실제 성격**을 모릅니다.

Most people don't know his true character.

→ 사실이라는 건 거짓이 아닌 참된, 틀리지 않고 정확한 것을 뜻한다.

truth   사실, 진실
truly   정말로

241
draw

그리다 끌다 ☐ ☐ ☐

draw-drew-drawn

네가 길을 잃지 않도록 약도를 **그려 줄게**.

I'll draw a map for you, so you won't get lost.

→ 연필이나 분필 등을 끌으거나 긁으면서 흔적을 남기는 드로잉(drawing)을 하는 행동이다. 물감을 이용하여 색을 칠하며 그리는 것이 아니라, 연필 등으로 스케치하는 그리기를 말한다.

242
date

날짜 ☐ ☐ ☐

그 우유의 소비 기한 좀 확인해 줄래?
(= 그 우유의 **만기 날짜** 좀 확인해 줄래?)

Can you check the expiration date on that milk?

243
practice

연습 실습, 실천 ☐ ☐ ☐

연습이 완벽을 만든단다.

Practice makes perfect.

→ '이론(theory)'의 대립어이다. 이론이 정신적인 활동이라면 '실습(practice)'은 실제로, 육체적으로 해 보는 연습이자 훈련이다.

practical   실제적인, 실천 가능한

244
raise

들어 올리다 일으켜 세우다 ☐ ☐ ☐

선생님이 질문을 했고 에이미는 대답을 하려고 손을 **들었어요**.
The teacher asked a question, and Amy **raised** her hand to answer.

→ 문장의 주체(주어)가 직접 올라가거나 서는 느낌이 아니라, 다른 내싱을 들어 올리거나 세우는 것을 뜻한다.

245
customer

고객 손님 ☐ ☐ ☐

회사의 주요 관심사는 **고객 만족도**입니다.
The company's main concern is **customer satisfaction**.

246
front

앞부분 앞면, 앞쪽 ☐ ☐ ☐

우리 집 **앞**에 주차해.
Park your car in **front** of my house.

247
explain

설명하다 ☐ ☐ ☐

다시 한번 **설명해 주세요**. 조금 헷갈려요.
Please, explain it again. I'm a bit confused.

explanation   설명

248
outside

외부 바깥의, 밖에서 ☐ ☐ ☐

밖은 말 그대로 꽁꽁 얼어붙을 정도예요.
It's literally freezing **outside**.

249
economic 경제의 ☐ ☐ ☐

한국은 1997년에 **경제 위기**를 맞닥뜨렸습니다.
Korea faced **an economic crisis** in 1997.

economy 경제

250
site 현장 장소, 위치, 부지 ☐ ☐ ☐

나는 **공사장**에서 나는 소음에 대해 항의했어요.
I complained about the noise from **the construction site.**

→ 참고로, '웹사이트(website)'는 '웹(web)'에 있는 어떤 '장소(site)'를 말한다.

251
approach 접근하다 다가가다, 접촉하다 ☐ ☐ ☐

열차가 **접근하고 있습니다.** 노란 선 뒤에 서 주세요.
The train **is approaching.** Stay behind the yellow line.

252
teacher 교사 강사, 선생님 ☐ ☐ ☐

선생님이 질문을 했고 에이미는 답을 하려고 손을 들었어요.
The teacher asked a question, and Amy raised her hand to answer.

teach 가르치다

253
charge 충전하다 (요금) 청구하다 ☐ ☐ ☐

여기서 제 휴대폰을 **충전할** 수 있을까요?
Can I charge my phone here?

254
sign

신호 표지판, 기호, 조짐, 징후; 서명하다 ☐ ☐ ☐

공사 현장 주변에서 **위험 표지판을 많이** 볼 수 있습니다.
You can see **many danger signs** around the construction site.

→ sign은 정적인 부호나 표지판 등이 담고 있는 신호를 말하며, signal은 동적인 소리나 전자 신호(지시등 따위) 등이 보여 주는 신호를 말한다.

signal 신호

255
claim

주장 (권리의) 청구, 요구 ☐ ☐ ☐

당신의 주장을 뒷받침할 구체적인 증거가 필요합니다.
You need concrete evidence to support **your claim**.

→ 보험금이나 보상금, 유산 등을 요구하는 주장이나 청구 행위를 의미하기도 한다.

256
relationship

관계 ☐ ☐ ☐

좋은 관계의 기반은 바로 신뢰입니다.
The foundation of **a good relationship** is trust.

→ 친구, 연인, 가족 사이의 일상적 관계를 의미한다. (참고로, relation은 국가 간의 관계처럼 더 격식적이고 큰 집단 사이의 관계를 의미.)

relate 관련시키다
relation (집단 간의) 관계
relative 상대적인; 친척

257
travel

이동하다 돌아다니다, 여행하다 ☐ ☐ ☐

세계 어디든 **여행할 수 있다**고 가정해 봅시다. 어디로 가시겠습니까?
Suppose you **could travel** anywhere in the world, where would you go?

→ 일상에선 '여행하다'라는 의미로 사용하는 경우가 많지만, 사실 그보다는 '이동하다', '움직이다'의 의미에 가깝다.

258
enjoy

즐기다 누리다

식사 맛있게 하세요.
(= 당신의 식사를 **즐기세요**.)
Enjoy your meal.

259
amount

양 총액

여름철에는 매일 **충분한 양**의 물을 마시세요.
During the summer, drink **an adequate amount**
of water every day.

260
improve

향상시키다 개선하다

독서가 여러분의 영어 실력을 **향상시킬** 최고의 방법입니다.
Reading is the best way **to improve** your
English skills.

improvement   개선, 향상

261
picture

그림 사진

시간이 지나면서 **그림**의 색이 바래기 시작했어요.
The colors of **the picture** began to fade over
time.

262
regard

여기다 생각하다, 평가하다 ☐ ☐ ☐

레오나르도 디카프리오는 세계 최고의 배우 중 한 명으로 **여겨지고 있지요.**

Leonardo DiCaprio **is regarded** as one of the best actors in the world.

263
organization

조직 기관, 체계적 구조 ☐ ☐ ☐

WWF는 **비영리 기관**입니다.

WWF is **a non-profit organization**.

* WWF 세계자연기금(World Wide Fund for Nature)

→ 무질서하게 뭉쳐진 덩어리가 아니라 체계를 갖추고 잘 정리된 집단이나 조직을 의미한다.

organize　　　　체계화하다, 정리하다

264
range

범위 거리, 다양함 ☐ ☐ ☐

새로운 아이폰이 다양한 색상으로 나왔어요.
(= 새로운 아이폰이 **다양한 범위**의 색상으로 나왔다.)

The new iPhone came in **a range** of colors.

→ 영향 등이 퍼진 영역, 즉 '범위'나 '길이'를 말한다. '퍼져 있다'는 뉘앙스로부터 '다양함'의 의미가 파생되었다.

265
quality

질 품질, 우수함 ☐ ☐ ☐

우리는 양보다 **질**을 우선시합니다.

We prioritize **quality** over quantity.

quantity　　　　양

MP3 025

266
round

둥근 원형의

□ □ □

(로마에 있는) 콜로세움은 **둥근 모양의 건물**이에요.
The Colosseum is **a round-shaped building**.

267
opportunity

기회

□ □ □

이 **기회**를 놓치지 마!
Don't miss **this opportunity**!

268
road

길 도로

□ □ □

도로에 차 사고가 있어서 늦었습니다.
I am late because there was a car accident on
the road.

269
wish

소망하다 원하다, 바라다

□ □ □

내가 십 대라면 좋을 텐데.
(= 나는 내가 십 대이기를 **소망한다**.)
I **wish** I were a teenager.

→ 주로 현실에서 일어날 수 없는 것을 바랄 때 사용한다.

270
therefore

그러므로 그렇기 때문에

□ □ □

그녀는 아직도 해야 할 일이 많아요. **그렇기 때문에** 일찍 퇴근할 수가
없어요.
She still has a lot of things to do. **Therefore**,
she is unable to leave early.

271

wear 입다 착용하다 ☐ ☐ ☐

wear-wore-worn

부상 예방을 위해 보호 장비를 **착용하세요.**
Wear protective gear to prevent injury.

→ 의류나 악세서리, 장비를 입거나 착용하는 행위와, 그 이후의 입거나 착용하고 있
는 상태를 말한다.

272

fund 기금 자금 ☐ ☐ ☐

교장 선생님은 학교의 유지 보수를 위한 **자금**을 모았습니다.
The principal raised **funds** for the school
maintenance.

→ '특정 목적을 위해 마련한 자금'을 의미한다.

273

rest 휴식 나머지 ☐ ☐ ☐

나는 산 정상에서 **휴식**을 취했어요.
I took **a rest** at the mountain peak.

274

industry 산업 업 ☐ ☐ ☐

교육 산업은 온라인 학습 플랫폼에 적응하고 있습니다.
The education industry is adapting to online
learning platforms.

→ 꼭 '산업'이나 '공업'만을 의미하지는 않는다. 모든 분야의 '업'을 가리킬 수 있다.

industrial 산업의

275

education 교육 ☐ ☐ ☐

그 교수는 **교육**에 AI를 활용하는 것을 지지했어요.
The professor advocated the use of AI in
education.

educate 교육하다
educational 교육적인

276

measure

측정하다 재다 ☐ ☐ ☐

테이블의 길이를 **재** 줄 수 있어요?

Can you **measure** the length of the table?

measurement   측정

277

kill

죽이다 살해하다 ☐ ☐ ☐

그녀가 전남편을 **살해했다**는 주장이 제기되었습니다.

It is alleged that she **killed** her ex-husband.

278

serve

제공하다 시중을 들다 ☐ ☐ ☐

먼저 샐러드를 **드리겠습니다.**

I'll **serve** the salad first.

→ 음식, 도움 등을 제공하며 시중드는 행위를 말한다. server는 serve를 하는 사람
이다. 인터넷 이용자가 요청한 정보를 제공하는 컴퓨터도 '서버(server)'라고 한다.

servant   하인
server   서버

279

likely

~할 것 같은 가능성이 높은 ☐ ☐ ☐

곧 비가 올 것 같아요.

It's **likely** to rain soon.

→ 그렇게 될 가능성이 높음을 표현할 때 사용.

unlikely   ~할 것 같지 않은

280
national

국가의 국립의 ☐ ☐ ☐

국기가 바람에 펄럭이고 있었습니다.
The national flag was waving in the wind.

nation 국가

281
field

장 들판, 분야, 영역 ☐ ☐ ☐

IT 분야의 경쟁은 매우 치열합니다.
The competition in **the IT field** is very intense.

→ 밭이나 초원, 산업 분야, 전장 등 넓게 펼쳐진 어떤 영역을 의미한다. 비유적으로
어떤 활동 영역이나 관심 분야 등을 의미하기도 한다.

282
security

보안 경비, 방위 ☐ ☐ ☐

애플은 **보안**에 관해 평판이 좋아요.
Apple has a good reputation for **security**.

secure 안전한, 안심하는

283
air

공기 허공, 대기 ☐ ☐ ☐

맑은 공기를 마시는 것이 건강에 중요합니다.
Breathing **clean air** is important for health.

aircraft 항공기
airline 항공사

284
benefit

혜택 이익; 혜택을 얻다 ☐ ☐ ☐

그 회사는 건강보험과 유급 휴가와 같은 **복지 혜택**을 제공합니다.
The company offers **benefits** like health
insurance and paid leave.

285
trade

거래 무역 ☐☐☐

여러 국가가 **노예 무역**의 어두운 역사를 가지고 있지요.
Many countries have dark histories of **slave trade**.

286
risk

위험 위험 요소 ☐☐☐

감염의 **위험**을 줄이려면 손을 자주 씻으세요.
Wash your hands frequently to reduce **the risk** of infection.

287
standard

표준 기준 ☐☐☐

그녀는 사소한 것에 쉽게 만족하지 않아요.
(= 그녀는 자신에게 **높은 기준**을 설정한다.)
She sets **a high standard** for herself.

288
vote

투표하다 ☐☐☐

모든 시민은 **투표할** 권리가 있습니다.
Every citizen has the right **to vote**.

voter 투표자, 유권자

289
instead

대신에 ☐☐☐

녹차 **대신** 커피 마실게요.
I'll have coffee **instead of** green tea.

290
usually

대개는 보통은 ☐☐☐

저는 **대개** 친구에게 돈을 빌려주지 않아요.
I don't **usually** lend money to my friends.

usual   일반적인
unusual   일반적이지 않은

291
address 주소 연설하다 ☐ ☐ ☐

저희가 배송을 하려면 고객님의 이름과 **주소**가 필요합니다.
We need your name and **address** for delivery.

292
performance 수행 실행, 연주, 성과 ☐ ☐ ☐

선생님은 학생 각각의 학업 성과를 평가합니다.
The teacher evaluates **each student's performance.**

→ 대개 예술가가 어떤 예술 활동을 하는 것을 의미하지만 예술뿐 아니라, 직장인이 자신의 업무를 하거나 학생이 자신의 학업을 하는 것 등도 performance라고 한다. 그리고 그러한 예술, 업무, 학업 등의 '수행 결과'까지 의미할 수 있다.

perform 수행하다

293
accept 받아들이다 수락하다, 인정하다 ☐ ☐ ☐

그 실수에 대한 제 사과를 **받아 주세요.**
Please, accept my apologies for the mistake.

acceptable 받아들일 수 있는

294
mention 언급하다 거론하다 ☐ ☐ ☐

그녀가 제 이름을 **언급했나요?**
Did she **mention** my name?

295
save 구하다 살리다, 아끼다, 저축하다 ☐ ☐ ☐

경찰관이 익사할 뻔한 아이를 **구했습니다.**
A police officer **saved** a child from drowning.

→ 생명 등을 살리는 행동 또는 돈을 써 버리지 않고 아끼거나 모으는 행동을 말한다.

296

common

흔한 공통의 ☐ ☐ ☐

재채기와 기침은 감기의 **흔한 증상**이죠.
Sneezing and coughing are **common symptoms** of a cold.

297

culture

문화 ☐ ☐ ☐

다른 문화를 이해하면 불필요한 전쟁을 예방할 수 있습니다.
Understanding **different cultures** can prevent unnecessary wars.

cultural   문화적인

298

total

전체의 합계, 전체 (금액) ☐ ☐ ☐

총 비용을 추정하는 것은 어렵습니다.
It's difficult to estimate **the total cost**.

totally   완전히

299

demand

요구 수요, 요청; 요구하다 ☐ ☐ ☐

전기 자동차에 대한 **수요**가 최근 몇 년 새 크게 늘었어요.
The demand for electric cars has surged in recent years.

→ 경제 분야에서 흔히 말하는 '수요'와 '공급'은 각각 demand와 supply이다.

300

material

재료 자료, 물질 ☐ ☐ ☐

원유는 **가장 중요한 원자재** 중 하나입니다.
Crude oil is one of **the most important raw materials**.

301
limit

한계 한도 □ □ □

내 언어의 **한계**는 내 세계의 **한계**를 의미합니다.
The limits of my language mean **the limits** of my world.

limitation 제약, 제한

302
listen

듣다 귀 기울이다 □ □ □

너는 내 조언을 **들었어야 했어**.
You **should've listened** to my advice.

→ 외부에서 들리는 소리를 청각적으로 수용하는 감각 활동이 아니라, 의도적으로 잘 듣기 위해 귀 기울이고 경청하는 행위를 말한다.

listener 청취자

303
due

때문에 ~로 인해, ~하기로 되어 있는 □ □ □

악천후 **때문에** 그들은 행사를 취소해야만 했어요.
Due to bad weather, they had to cancel the event.

→ 보통 'due to ~' 형태로 사용하며, '~ 때문에'의 의미이다.

304
effort

노력 수고 □ □ □

노력 없이는 아무것도 이룰 수 없어.
Without **effort**, you can achieve nothing.

305
attention

주목 주의, 관심 □ □ □

우리는 세계 문제에 **관심**을 기울여야 합니다.
We should pay **attention** to world affairs.

→ '출석하다' 또는 '참여하다'는 의미의 attend에서 파생된 단어이다. 관심을 가지는 것(attention)이 참여하는 행동(attend)의 시작이다.

MP3 **026**

306

complete

완료하다 완수하다

☐ ☐ ☐

이 일을 **완수하기 위해선** 명확한 지시가 필요합니다.

I need clear instructions **to complete** the task.

completely 완전히

307

lie

lie-lay-lain

눕다 놓여 있다

☐ ☐ ☐

잠자고 있는 개들은 **누워 있게 둬라**.

Let sleeping dogs **lie**.

→ 다른 대상을 눕히거나 놓는 것이 아니라, 문장의 주체(주어)가 직접 눕거나 놓여 있는 것을 의미한다. 참고로, lie는 동음이의어로, '눕다' 외에 '거짓말하다'의 의미도 있다.

308

pick

고르다 뽑다, 줍다

☐ ☐ ☐

가족을 **고를 순 없어**. 하지만 친구는 선택할 수 있지.

You **can't pick** your family, but you can choose your friends.

309

reduce

줄이다 낮추다

☐ ☐ ☐

감염의 위험을 **줄이려면** 손을 자주 씻으세요.

Wash your hands frequently **to reduce** the risk of infection.

reduction 감소

310
ground

땅바닥 지면, 토양 ☐☐☐

내 청바지가 너무 길어서 **바닥**에 끌려요.

My jeans are so long that they drag on **the ground**.

background | 배경

311
arrive

도착하다 ☐☐☐

킴벌리가 지금 막 공항에 **도착했어요**.

Kimberly **has** just **arrived** at the airport.

arrival | 도착

312
patient

환자 인내하는, 참을성 있는 ☐☐☐

그 코로나 **환자**는 다른 사람들로부터 격리되었습니다.

The patient with COVID-19 was isolated from others.

313
current

현재의

지금 통용되는; (물, 공기, 전기 등의) 흐름 ☐☐☐

시사(현재 일어나는 일들)에 밝아야 한다고.

You should keep up with **current events**.

→ '현재 흐르고 있어서, 또는 널리 퍼져 있어서 만연한'의 뉘앙스.

currently | 현재로서는, 현재는

314
evidence

증거 ☐☐☐

판사는 **증거** 부족으로 사건을 기각했습니다.

The judge dismissed the case due to lack of **evidence**.

315
exist

존재하다   실재하다

□ □ □

몇몇 사람들은 유령이 **존재한다**고 믿습니다.
Some people believe that ghosts **exist**.

existence   존재

316
similar

유사한   비슷한

□ □ □

당신의 아이디어가 제 것과 꽤 **비슷합니다**.
Your idea **is** quite **similar** to mine.

similarly   유사하게

317
fine

좋은   괜찮은, 고급의

□ □ □

다 **괜찮아**. 걱정하지 마.
Everything's **fine**. Don't worry about it.

318
street

거리   도로

□ □ □

도시의 거리는 출퇴근 시간에 항상 분주합니다.
The city streets are always busy during rush
hour.

319
former

이전의   예전의, 전자의

□ □ □

스티브 잡스는 애플사의 **전 CEO**였습니다.
Steve Jobs was **the former CEO** of Apple.

→ 대개 전/후로 나눌 수 있는 어떤 둘 중에서 더 앞에 있는 전자를 가리키는데
사용한다. 참고로, 후자를 가리킬 때에는 latter를 사용한다.

320
prepare

준비하다 대비하다 ☐ ☐ ☐

제 연설을 **준비할** 시간이 좀 필요해요.
I need some time **to prepare** my speech.

preparation 준비, 대비

321
discuss

논의하다 상의하다 ☐ ☐ ☐

그녀는 팀원들과 새로운 프로젝트에 대해 **논의했어요.**
She **discussed** the new project with her team.

discussion 논의, 토의

322
response

반응 응답, 대답, 대응 ☐ ☐ ☐

나는 **그의 반응**에 놀랐어요.
I was surprised by **his response**.

respond 반응하다

323
voice

목소리 음성, 말 ☐ ☐ ☐

전화기 너머로 **남성의 목소리**가 들렸어요.
I heard **a male voice** over the phone.

324
piece

조각 개, 부분 ☐ ☐ ☐

케이크를 **똑같은 네 조각**으로 나눠라.
Divide the cake into **four equal pieces**.

→ '원피스' 또는 '투피스'의 '피스'가 piece이다. '원피스(one-piece)'는 하나의
천 조각으로 되어 있는 옷(대개 드레스)이며, '투피스(two-piece)'는 상하의가 따로 떨
어져 있는 세트로 된 옷(정장) 등을 의미한다.

325
finish

마치다 끝내다 ☐ ☐ ☐

보고서를 오늘 오후까지 **마칠 수 있겠어요?**
Can you **finish** the report by this afternoon?

326
suppose

가정하다 추측하다 ☐ ☐ ☐

세계 어디든 여행할 수 있다고 **가정해 봅시다.** 어디로 가시겠습니까?
Suppose you could travel anywhere in the world, where would you go?

→ 실제 가능한 상황이 아니나 가능한 것처럼 가정해 보자는 뉘앙스.

327
apply

지원하다 적용하다, 신청하다 ☐ ☐ ☐

소상공인 대출을 **신청하고 싶습니다.**
I'd like to apply for a small business loan.

application 지원(서)

328
president

대통령 회장 ☐ ☐ ☐

대통령은 다음 주에 새로운 장관을 임명할 예정입니다.
The president is going to appoint a new minister next week.

presidential 대통령의

329
compare

비교하다 ☐ ☐ ☐

나는 온라인으로 구매하기 전에 언제나 가격을 **비교합니다.**
I always **compare** prices before buying online.

comparison 비교

330
court

법정 코트

판사가 내일 **법정**에서 판결을 내릴 겁니다.

The judge will make a decision in **court** tomorrow.

→ 오늘날 '테니스 코트', '푸드 코트' 등에 등장하는 '코트'가 바로 이 court로, 특정 용도로 만들어진 독립적인 공간을 말한다. 원래는 과거 왕족이나 귀족 등 상류층만 사용하던, 울타리가 쳐져 있는 독립적인 정원을 의미하는 단어였다. 그런 정원에서 왕이나 귀족이 재판도 했기에 오늘날 법정도 court라 부르게 되었다.

331
store

저장하다 모아 두다; 가게, 상점

우리는 겨울을 위해 충분한 음식을 **저장해야** 합니다.

We need **to store** enough food for the winter.

→ 물건을 모아 두고 저장한 곳을 가게 또는 상점이라고 부르게 되었다.

storage   저장(소)

332
knowledge

지식

문자가 **인류 지식**의 경계를 확장했지요.

Writing has expanded the boundaries of **human knowledge**.

know   알다
unknown   알려지지 않은

laugh

웃다   웃음

□ □ □

그의 농담에 나는 크게 **웃었습니다.**
(= 그의 농담은 나를 크게 **웃게 했다.**)

His joke **made** me **laugh** out loud.

laughter

웃음

---

source

근원   원천, 자료, 출처

□ □ □

다양성은 혁신과 창의력의 **원천입니다.**

Diversity is **the source** of innovation and creativity.

---

employee

직원   종업원

□ □ □

모든 직원은 기업의 복장 규정을 따라야 합니다.

All employees must follow the corporate dress code.

→ 사람을 칭하는 영단어 중 '-ee'로 끝나는 단어는 무언가를 받는 입장의 사람을 말한다. 여기서는 고용(employ)을 받는 입장의 사람, 즉 고용된 사람이기에 '직원'이다. 참고로, 고용을 한 사람에는 '-er'을 붙인다. 즉, employer는 '고용주'이다.

employ	고용하다
employer	고용주
employment	고용, 취업
unemployment	실직, 실업

336
manage

관리하다   감당하다, 해내다   ☐ ☐ ☐

시간을 어떻게 **관리하시나요**?
How **do** you **manage** your time?

management
manager

관리, 경영
관리자, 매니저

337
simply

단순히   간단히, 그저   ☐ ☐ ☐

나는 **그저** 진실을 알고 싶을 뿐입니다.
I **simply** want to know the truth.

simple

단순한

338
firm

단단한   확고한   ☐ ☐ ☐

자신의 결정을 믿고 흔들리지 마라.
(= 네 결정 위에 **확고하게** 서라.)
Stand **firm** on your decision.

firmly

단호하게

339
cell

세포   칸, 방   ☐ ☐ ☐

인간의 몸은 **수 조 개의 세포**로 이루어져 있습니다.
The human body is made up of **trillions of cells**.

340
article

기사   조항, 물품   ☐ ☐ ☐

난 내셔널지오그래픽에서 야생 동물에 대한 **흥미로운 기사**를 읽었어요.
I read **an interesting article** about wild animals in *National Geographic*.

→ 어떤 대상 하나를 가리키는 뉘앙스로, 그 하나의 대상은 주로 기사, 조항, 항목, 품목 등을 말한다.

341
attack

공격 폭행, 공격; 폭행하다 ☐ ☐ ☐

회사 서버를 노린 **사이버 공격**으로 개인 정보가 유출됐습니다.
The cyber-attack on the company's servers resulted in a personal information leakage.

342
foreign

외국의 다른, 이질적인 ☐ ☐ ☐

그는 **3개 외국어**를 유창하게 할 줄 압니다.
He can speak **three foreign languages** fluently.

343
surprise

놀라움 뜻밖의 일/선물 ☐ ☐ ☐

그의 깜짝 선물을 받고서 그녀는 입이 귀에 걸렸어요.
(= **그의 깜짝 선물**이 그녀를 활짝 웃게 했다.)
His surprise gift made her smile from ear to ear.

surprisingly 놀랍게도

344
feature

특성 특징, 기능 ☐ ☐ ☐

포토샵은 사진작가를 위한 **유용한 기능을 많이** 가지고 있어요.
Photoshop has **many useful features** for photographers.

345
factor

요인 요소, 인자 ☐ ☐ ☐

유전이 사람의 키를 결정하는 **중요한 요인**입니다.
Genetics is **an important factor** in determining a person's height.

346
pretty

귀여운 예쁜; 꽤, 아주

판다는 **너무 귀엽고** 언제나 날 웃게 만들어요.
Pandas **are so pretty**, and always make me smile.

347
recently

최근에

최근에 물가가 많이 올랐어요.
Prices have increased a lot **recently**.

recent · · · · · 최근의

348
affect

영향을 미치다

스트레스는 정신 및 육체 건강에 **영향을 줄 수 있습니다.**
Stress **can affect** your mental and physical health.

349
drop

떨어뜨리다 (액체) 한 방울

유리 접시 **떨어뜨리지 않도록** 조심해.
Be careful **not to drop** the glass plate.

→ 액체 한 방울 또는 그 정도의 소량이나 작고 동그란 모양새를 의미한다. 액체가
한 방울씩 똑똑 떨어지는 장면에서 '떨어뜨리다'의 의미로 파생되었다. 양이나 수
준이 급격히 떨어지거나 낮아지는 것도 drop으로 표현할 수 있다.

350
official

공식적인 정식의, 공인된

유로는 여러 유럽 국가의 **공식 통화**입니다.
The Euro is **the official currency** of many
European countries.

351
financial 금융의

금융 위기 후에 많은 회사가 파산했습니다.

After **the financial crisis**, many companies went bankrupt.

finance 금융

352
miss 놓치다 빗나가다

그가 마감일을 **놓쳤어요**. 그래서 그 사람 지원서가 받아들여지지 않았습니다.

He **missed** the deadline. Hence, his application was not accepted.

353
private 사적인 개인의

대중교통은 **개인 차량**을 대체할 훌륭한 대안입니다.

Public transportation is a great alternative to **private vehicles**.

354
pause 잠시 멈추다 정지시키다

영화를 **잠시 멈춰** 주세요. 화장실에 좀 가야 해서요.

Please, pause the movie. I need to go to the restroom.

355

forget

forget-forgot-forgotten

잊어버리다 망각하다

☐ ☐ ☐

매일 아침마다 강아지 밥 주고 산책시키는 것 **잊지 마세요.**
Don't forget to feed and walk my puppy every morning.

356

worry

걱정하다

☐ ☐ ☐

다 괜찮아. **걱정하지 마.**
Everything's fine. **Don't worry** about it.

357

opinion

의견 견해

☐ ☐ ☐

그녀는 내 직업에 대해 **솔직한 의견**을 줬어요.
She gave **an honest opinion** about my job.

358

represent

대표하다 대변하다, 상징하다

☐ ☐ ☐

그는 젊은 세대의 견해를 **대변합니다.**
He **represents** the younger generation's views.

representation 대표, 대리인을 내세움
representative 대표, 대리자

359

international

국제적인

☐ ☐ ☐

그 공항에는 국내선과 **국제선** 둘 다 있습니다.
The airport has both domestic and **international flights**.

360
contain

들어 있다 가지고 있다, 포함하다 □ □ □

커피에 카페인이 **들어 있다**는 것은 모두가 압니다.
(= 커피가 카페인을 **가지고 있다**는 것은 모두가 안다.)
Everybody knows that coffee **contains** caffeine.

→ 용기나 박스 등에 무언가가 담겨 있는 것을 의미한다. 우리가 잘 아는 '컨테이너 (container)'를 떠올리면 쉽게 기억할 수 있다.

361
notice

알아차리다 주목, 인지함 □ □ □

난 아내가 머리를 새로 한 것을 **알아차리지 못했어요**.
I **didn't notice** that my wife changed her hair.

362
wonder

궁금해하다 경이로운 것, 불가사의 □ □ □

난 가끔 우리가 죽은 후에 무슨 일이 일어나는지 **궁금합니다**.
Sometimes, I **wonder** what happens after we die.

363
nature

자연 천성, 본능 □ □ □

WWF의 목표는 **자연**을 보호하는 것입니다.
WWF's aim is to conserve **nature**.

→ 자연적인 것, 자연스러운 것이 바로 천성이나 본능이다.

natural   자연적인
naturally   자연스럽게, 당연히

364
structure

구조 구조물 □ □ □

괴베클리 테페는 **신비한 고대 구조물**이죠.
Göbekli Tepe is **a mysterious ancient structure**.

structural   구조적인

365
section

부분 구역

(슈퍼마켓 등에서) 과일은 **다음 구역**에 있어요.
The fruits are in the next section.

→ 어떤 대상을 물리적으로 나눠서 여럿으로 구별해 놓았을 때 그 각 부분을 의미한다.

sector   분야, 부문

366
exactly

정확히 틀림없이, 바로 그

이것이 **바로** 내가 찾고 있던 거야!
This is exactly what I'm looking for!

exact   정확한

367
plant

공장

많은 발전소가 여전히 석탄으로 가동됩니다.
(= **많은 전기 공장**이 여전히 석탄으로 가동된다.)
Many power plants still run on coal.

→ plant는 동음이의어로, '공장' 외에 '식물'을 뜻할 때도 있다. 또한 동사로
식물 등을 땅에 심는 행동을 묘사하기도 한다.

368
press

누르다 (신문) 언론

버튼 좀 **눌러** 줄래요?
Can you press the button for me?

→ 과거, 언론을 대표하던 신문은 압착기(press)를 응용해 만든 인쇄기(printing
press)로 인쇄했는데, 여기에서 비유적으로 press가 '언론'을 뜻하게 되었다.

369

necessary

필요한 필수의 ☐ ☐ ☐

오토바이를 탈 때 헬멧 착용은 **필수입니다.**

It's **necessary** to wear a helmet when riding a bike.

necessarily   필연적으로

370

region

지역 지방 ☐ ☐ ☐

도시권은 **시골 지역**보다 더 높은 인구 밀도를 보입니다.

Urban areas show a higher population density than **rural regions**.

→ 행정적으로 구획된 지역보다는 기후적, 지리적, 문화적 특징 등으로 구별되는 지역을 말한다.

regional   지역의

371

influence

영향을 주다 ☐ ☐ ☐

미디어는 여론에 큰 **영향을 줍니다.**

The media greatly **influences** public opinion.

372

respect

존경하다 존중하다 ☐ ☐ ☐

토론에서는 상대방을 **존중해야 한다고.**

You **should respect** your opponent in the debate.

373

various

다양한 여러 가지의 ☐ ☐ ☐

곡물 식빵에는 **다양한 곡물**이 들어 있어요.

Whole grain bread contains **various grains**.

variety   다양성
vary   다르다, 다양하다

374
catch
catch-caught-caught

잡다 받다

그가 공을 **잡았어요**.
He **caught** the ball.

375
thus

그러므로 따라서

그녀는 아직도 해야 할 일이 많아요. **따라서** 일찍 퇴근할 수가 없습니다.
She still has a lot of things to do. **Thus**, she is unable to leave early.

376
skill

기술 기량, 실력, 능력

독서는 **여러분의 영어 실력**을 향상시킬 최고의 방법입니다.
Reading is the best way to improve **your English skills**.

377
attempt

시도

몇 번의 시도 끝에 고양이는 마침내 물고기를 낚아챘다.
After **several attempts**, the cat finally got the fish.

378

medium

매체 도구, 수단; 중간의, 가운데 ☐ ☐ ☐

소셜 미디어는 **상당히 영향력이 큰 매체**입니다.

Social media is **a highly influential medium.**

→ 두 대상의 사이를 가리킨다. 사이에 있기에 '중간'이며 그 사이에서 두 대상을 연결하는 '매체', '수단'이 된다. 참고로, media는 medium의 복수형이다.

379

average

평균 보통 수준; 평균의 ☐ ☐ ☐

7월의 **평균 기온**은 섭씨 30도 정도입니다.

The average temperature in July is around 30°C.

380

stock

저장해 둔 물건 재고 ☐ ☐ ☐

이 상품 **재고**가 있는지 확인해 주세요.

Please, check if this item is in **stock.**

→ 가게나 상점에서 판매를 위해 보유하고 있는 물건을 의미한다.

381

character

성격 특징, 등장인물, 캐릭터 ☐ ☐ ☐

대부분의 사람들은 **그의 실제 성격**을 모릅니다.

Most people don't know **his true character.**

characteristic 특유의; 특징
characterize 특징짓다

382

bed

침대 두께가 있는 바닥, 층 ☐ ☐ ☐

힘든 하루 끝에, 나는 **침대**에 눕자마자 잠들어 버렸다.
(= 긴 하루가 지나고, 나는 **침대** 안에서 금세 잠들어 버렸다.)

After a long day, I fell asleep quickly in **my bed.**

→ 침대는 바닥 위에 꽤 두껍게 깔아 놓은 매트리스의 형태를 하고 있다. 여기에서 적당한 두께를 가진 층의 의미가 파생되었다.

bedroom 침실

383
establish

설립하다 세우다, 설정하다

마이크로소프트는 1975년에 **설립되었습니다.**
Microsoft **was established** in 1975.

establishment   설립

384
indeed

정말로 참으로

〈코스모스〉는 **정말로** 읽을 만한 가치가 있습니다.
Cosmos is, **indeed**, worth reading.

385
final

최종의 마지막의

월드컵 결승전(최종 경기)은 축구장 안의 관중 모두를 흥분시켰습니다.
The World Cup final match excited all the
audience inside the stadium.

finally   마침내

MP3 028

386
fit

맞다 들어맞다, 끼워 맞추다; 적합한, 건강한 ☐ ☐ ☐

나는 액자에 **맞게** 사진을 잘랐어요.
I cropped the photo **to fit** the frame.

→ 어떤 공간이나 대상에 끼워 넣었을 때 '딱 맞는다'는 뉘앙스.

387
guy

녀석 놈, 사람들 ☐ ☐ ☐

일단 그 애를 잘 알게 되면 **괜찮은 녀석**이란 걸 알게 될 거야.
Once you get to know him, you'll realize he's **a nice guy**.

→ 비격식적으로 주로 남성을 일컫는 '녀석, 놈'이다. 복수형인 guys는 성별에 상관 없이 '사람들'을 의미한다.

388
function

기능 작동 ☐ ☐ ☐

그 디자이너는 형태보다 **기능**에 더욱 집중했습니다.
The designer focused more on **function**, rather than form.

functional   기능적인

389
behavior

행동 태도 ☐ ☐ ☐

모두가 **그 소년의 무례한 행동**에 놀랐어요.
Everyone was surprised by **the boy's rude behavior**.

behave   행동하다

390
determine
결정하다 확정하다, 결심하다 □ □ □

유전이 사람의 키를 **결정하는** 중요한 요인입니다.

Genetics is an important factor in **determining a person's height.**

→ 결정하고 결심하려면 확고한 마음이 필요하다. 그래서 determine에는 굳은 마음으로 단호한 의지를 가지고 결정하고 결심한다는 뉘앙스가 들어가기도 한다.

determination · 결정, 굳은 결심, 투지

391
population
인구 □ □ □

도시권은 시골 지역보다 **더 높은 인구 밀도를** 보입니다.

Urban areas show **a higher population density** than rural regions.

392
fail
실패하다 실패, 불합격 □ □ □

많은 사업이 첫 일 년 안에 **실패합니다.**

Many businesses **fail** within the first year.

failure · 실패

393
environment
환경 □ □ □

우리는 공해로부터 **우리의 환경을** 보호해야 합니다.

We should protect **our environment** from pollution.

→ 자연 환경 또는 어떤 대상을 둘러싸고 있는 물리적인 주변 환경을 의미.

environmental · 환경의

394
contract

계약 계약서

나는 오늘 새집의 **임대 계약서**에 서명했어요.

I signed **the rental contract** for my new house today.

395
enter

들어가다 입장하다, 입력하다

확인을 위해 비밀번호를 다시 **입력해 주세요.**

To confirm your password, **enter** it again.

→ 맥락에 따라 enter는 어느 장소로 들어가는 행동이나 집어 넣는 행동을 말한다.
위 예문에서는 로그인을 위해 비밀번호를 집어 넣는 행동으로 이해할 수 있다.

entrance   입장, 입구
entry   들어감

396
occur

일어나다 발생하다

주의하지 않으면 사고가 **발생하지.**

Accidents **occur** if you're not careful.

397
alone

홀로 단독으로

전 책을 읽을 땐 **혼자 있는 걸** 더 좋아해요.

I prefer **to be alone** when I'm reading.

398
significant 상당한 의미가 있는, 중요한 ☐ ☐ ☐

달리기는 그의 인생에 **상당한 영향**을 미쳤습니다.
Running had a significant impact on his life.

→ 중요도가 상당하여 의미가 있고 두드러진다는 느낌이다.

significance 중요성
significantly 상당히

399
drug 약 약물, 마약 ☐ ☐ ☐

신약이 임상 시험 단계를 지나고 있습니다.
The new drug is undergoing clinical trials.

→ 일반적인 약을 의미하기도 하지만, 마약과 같은 부정적인 뉘앙스의 약물을 뜻하
기도 한다. '약'인지 '마약'인지는 drug이 사용된 문장의 맥락을 참고해 이해해야
한다.

400
success 성공 ☐ ☐ ☐

성공의 보장은 없지만 나는 최선을 다할 거예요.
There's no guarantee of **success**, but I'll do my best.

succeed 성공하다
successful 성공한
successfully 성공적으로

401
director 감독 책임자, 지시자 ☐ ☐ ☐

크리스토퍼 놀런은 할리우드에서 **유명한 감독**입니다.
Christopher Nolan is **a renowned director** in Hollywood.

→ 방향이나 나아가야 할 길을 직접 지시하고 알려 주는 사람, 즉 '지휘자, 관리자,
책임자, 감독' 등을 의미한다.

direct 직접적인
direction 지시, 방향

402
lack

부족 결핍

판사는 증거 **부족**으로 사건을 기각했습니다.
The judge dismissed the case due to **lack** of evidence.

403
review

검토 복습, 심사, 리뷰; 되새기다, 복습하다

동료 심사는 연구 논문 출간에 필수적입니다.
Peer review is essential for research paper publication.

→ '다시(re-) 보는(view) 행위', 즉 복습을 하거나, 심사를 하거나, 검토를 하기 위해 다시 보는 행위를 말한다. 요즘은 소비자의 상품 사용 후기와 같은 상품평도 review(리뷰)라고 한다.

404
depend

의지하다 의존하다, 달려 있다

네 성적은 네 시험 결과에 **달려 있는 거지**.
Your grade **depends** on your exam results.

dependent	의존적인
independent	독립적인
independence	독립

405
race

경주 경쟁, 대결, 시합

출구 조사는 두 후보의 **접전**을 시사했습니다.
The exit polls suggested **a close race** between the candidates.

→ 자동차 경주 시합과 같은 속도 경쟁 또는 경기 등의 대결을 의미한다. 또한 동음이의어로, 동물의 '품종', 인간의 '인종'을 의미하기도 한다.

406

recognize

알아보다 인식하다 ☐ ☐ ☐

그는 전화기 너머의 내 목소리를 바로 **알아차렸어요**.

He **recognized** my voice on the phone immediately.

→ 사물이나 사람의 정체를 인식하거나 진실성 등을 알아보는 것을 말한다.

recognition 인식

407

purpose

목적 용도 ☐ ☐ ☐

이 무료 사진은 **상업적인 용도**로는 사용할 수 없습니다.

You can't use this free photo for **commercial purposes**.

408

department 부서 과 ☐ ☐ ☐

그녀는 **마케팅 부서**에서 일합니다.

She works in **the marketing department**.

→ 어떤 조직의 나누어진 부분, 즉 '부서'나 '과'를 말한다.

409

gain

얻다 ☐ ☐ ☐

살찌려면 자주 먹어야 해.

(= 체중을 **얻기 위해서는** 자주 먹어야 한다.)

To gain weight, you should eat frequently.

410
argue

논쟁하다 언쟁하며 주장하다, 말다툼하다 ☐ ☐ ☐

난 이웃들이 **말다툼하는** 소리를 들었어요.
I heard the neighbors **arguing**.

→ 서로 다른 생각을 가진 사람들이 언쟁하다 보면 말다툼으로까지 이어진다.

argument 논쟁

411
holiday

휴일 휴가 ☐ ☐ ☐

미국의 독립기념일은 **국경일**이라 학교도 휴교합니다.
Independence Day is **a national holiday**, so schools are closed.

412
machine

기계 ☐ ☐ ☐

이 기계는 과일에서 과즙을 추출합니다.
This machine extracts juice from fruits.

413
achieve

성취하다 달성하다, 이루다 ☐ ☐ ☐

노력 없이는 **아무것도 이룰 수 없어**.
Without effort, you **can achieve nothing**.

achievement 성취, 업적

414
prove

증명하다 입증하다 ☐ ☐ ☐

난 내가 할 수 있다는 걸 **증명할 거야**.
I'll **prove** that I can do it.

415
stuff

것 물건

☐ ☐ ☐

네 물건 좀 챙길래? 우린 10분 후에 떠나야 해.

Can you grab **your stuff**? We need to leave in ten minutes.

→ 불특정 사물을 통칭하는 말로 '이것, 저것' 할 때의 '것'에 해당한다. stuffs처럼 복수 형태로 사용하는 경우는 거의 없다.

416
wide

넓은 폭넓은

☐ ☐ ☐

나는 관심사가 다양해요.
(= 나는 **폭넓은 범위**의 관심사를 가지고 있다.)

I have **a wide range** of interests.

widely   폭넓게

417
method

방법

☐ ☐ ☐

너만의 **공부 방법**을 반드시 찾아야 해.

You must find **your own studying method**.

418
analysis

분석

☐ ☐ ☐

데이터 분석은 어느 연구에서든 가장 중요한 부분입니다.

Data analysis is the most crucial part in any research.

analyst   분석가
analyze   분석하다

419
election
선거

곧 있을 **선거**에서 누구 찍을 거야?

Who are you voting for in **the upcoming election?**

elect   선출하다

420
military
군대   군사

군대는 엄격한 규율을 필요로 합니다.

The military requires strict discipline.

421
challenge
도전   어려움, 난관

난 **어려움** 앞에서 긍정적인 태도를 가지는 사람들이 좋아요.

I like people who have positive attitudes towards **challenges.**

→ 맞서야 하는 어려움이나 상대에 대들고 도전하는 것을 의미한다. 이러한 일은 대개 어렵기 때문에 '어려움'이나 '문제' 등 해결하기 쉽지 않은 난관 등을 의미하기도 한다.

422
nearly
거의

차를 운전하다가 어떤 사람을 **거의** 칠 뻔했어요.

I **nearly** hit someone with my car.

→ 두 대상이 매우 '가까운(near)' 느낌이다. 특히 과거 어떤 사건이 '현실에 매우 가까웠다', 즉 '실제로 거의 일어날 뻔했다'는 뉘앙스를 나타낼 때 사용하면 좋다.

423

statement
진술 성명, 서술 ☐ ☐ ☐

이 **진술**에 어느 정도까지 동의하시나요?

To what extent do you agree with **this statement**?

424

introduce
소개하다 도입하다 ☐ ☐ ☐

저기에 있는 네 친구에게 날 **소개해 줄 수 있겠니?**

Can you **introduce** me to your friend over there?

introduction   도입부, 서론, 소개

425

advantage
장점 이점, 강점 ☐ ☐ ☐

미리 비행기 티켓을 구매하는 것의 **장점**이 뭐죠?

What's **the advantage** of buying an airline ticket in advance?

CHAPTER 3

최고 빈도

426-600

426
ready

준비가 된

주문할 준비가 **되셨나요?**
Are you **ready** to order?

427
marry

결혼하다

벨라는 2018년에 제이와 **결혼했어요.**
Bella **married** Jay in 2018.

marriage   결혼 (생활)

428
strike

치다 **때리다, 부딪치다**

strike-struck-struck

번개는 한 장소에 여러 번 **칠 수 있습니다.**
Lightning **can strike** the same place more than once.

429
seek

구하다 **찾다, 추구하다**

seek-sought-sought

사람들은 더 깊은 의미를 **찾기 위해** 철학을 합니다.
People engage in philosophy **to seek** deeper meaning.

430
quickly

빨리 **빠르게, 신속히**

아이들은 모국어를 **빠르게** 그리고 손쉽게 습득합니다.
Children acquire their mother tongue **quickly** and easily.

quick   재빠른

431
release

풀어 주다 방출하다, 밖으로 나오다

그는 5년형을 마치고 출소했다.
(= 그는 5년 복역 후 교도소에서 **풀려났다**.)

He **was released** from prison after serving
five years.

→ 신제품 등을 '출시하거나 배포한다'는 의미로도 사용할 수 있다.

432
tax

세금

많은 정부가 술과 담배에 **특별세**를 부과합니다.

Many governments impose **special taxes** on
alcohol and tobacco.

433
solution

해법 해결책

모든 문제에는 **해결책**이 있습니다.
(= 모든 문제는 **해결책**을 가지고 있다.)

Every problem has **a solution**.

solve   해결하다

434
capital

수도 자본금, 대문자; 사형의

파리는 프랑스의 **수도**입니다.

Paris is **the capital** of France.

→ capital은 다양한 의미를 가지고 있다. 한 국가의 '수도'이기도 하며, '자본금'의
의미도 있고, 알파벳의 '대문자'를 의미하기도 하고, 형용사로 최고 형벌인 '사형의'
라는 뜻이 되기도 한다. 모두 대표적이거나 가장 중요하다는 뉘앙스를 나타낸다.

435
popular

대중적인 인기 있는 ☐ ☐ ☐

등산이나 캠핑 같은 야외 활동은 가을에 **인기가 많습니다.**
Outdoor activities such as hiking and camping **are popular** in fall.

436
specific

특정한 구체적인 ☐ ☐ ☐

네 계획을 좀 더 **구체적으로** 말해 줄 수 있겠니?
Can you be more **specific** about your plan?

→ 이력이나 경력, 자격, 사양 등과 같은 어떤 사람이나 사물의 구체적인 정보를 '스펙'이라고 한다. '스펙'은 이 단어의 명사형 specification을 앞 네 글자 spec으로 줄여 말하는 것이다.

specifically 구체적으로
specify 구체화하다, 명시하다

437
fear

두려움 공포 ☐ ☐ ☐

나는 고소**공포증**이 있어요.
I have **a fear** of heights.

438
aim

목표 목표를 조준하다 ☐ ☐ ☐

WWF의 **목표**는 자연을 보호하는 것입니다.
WWF's aim is to conserve nature.

439
serious

심각한 진지한 ☐ ☐ ☐

잘못된 결정은 **심각한 결과로** 이어질 수 있습니다.
Bad decisions can lead to **serious consequences.**

seriously 심각하게

440
target

목표　대상

☐ ☐ ☐

이 제품의 **대상 고객**은 갓 성인이 된 청년들입니다.
The target customers for this product are young adults.

441
degree

도　온도, 각도, 정도

☐ ☐ ☐

7월의 평균 기온은 **섭씨 30도 정도**입니다.
The average temperature in July is **around 30 degrees Celsius**.

442
pull

당기다　끌다

☐ ☐ ☐

고양이 꼬리를 **당기지 마**!
Don't pull the cat's tail!

443
access

접근하다　접속하다, 연결하다; 연결, 접속

☐ ☐ ☐

와이파이에 어떻게 **접속하나요**?
How **do I access** Wi-Fi?

→ '가까이 다가가서 접촉되고 연결되는' 뉘앙스.

444
treat

대하다　대우하다, 대접하다

☐ ☐ ☐

그는 자신의 반려동물을 가족처럼 **대해요**.
He **treats** his pet like family.

445
identify

확인하다 밝히다, 찾아내다 ☐ ☐ ☐

경찰은 CCTV 영상에서 절도범을 **확인할 수 있었습니다.**

The police **were able to identify** the thief from the CCTV footage.

→ 주로 신원이나 신분, 정체를 밝히거나 알아보는 행위를 말한나.

identify   신분, 신원, 정체

446
loss

손실 손해, 상실 ☐ ☐ ☐

신뢰가 깨지면 회복하기 어렵죠.
(= 신뢰의 **손실**은 회복하기 어렵다.)

The loss of trust is hard to recover.

447
pressure

압력 압박 ☐ ☐ ☐

직장에서 스트레스를 많이 받고 있어요.
(= 저는 직장에서 **많은 압박** 아래에 있어요.)

I'm under **a lot of pressure** at work.

448
treatment

치료 처치, 대우 ☐ ☐ ☐

그 **치료** 후 그녀의 건강이 눈에 띄게 좋아졌어요.

After **the treatment**, her health improved significantly.

449
supply

공급 보급(품), 물자 ☐ ☐ ☐

국경 없는 의사회는 가자 지구로 26톤의 **의료 물자**를 보냈습니다.
Doctors Without Borders sent 26 tons of **medical supplies** to Gaza.

supplier 공급자
supplement 보충, 추가

450
village

시골 마을 촌락 ☐ ☐ ☐

그 외진 시골 마을에서는 인터넷이 안 돼요.
The remote village has no Internet connection.

451
worth

~할 만한 가치가 있는 ☐ ☐ ☐

〈코스모스〉는 정말로 읽을 만한 가치가 있어요.
Cosmos **is**, indeed, **worth reading**.

→ 주로 worth -ing 형태로 '~할 만한 가치가 있는'의 의미를 만든다.

452
express

표현하다 나타내다 ☐ ☐ ☐

지금 내 감정을 **표현할** 적절한 단어를 못 찾겠어.
I can't find the appropriate words **to express** my feelings now.

→ 감정이나 생각 등을 '밖으로(ex-) 밀어내는(press)' 행동을 말한다.

expression 표현

453
indicate

보여 주다 나타내다, 표시하다 ☐ ☐ ☐

양식지에 선호하는 날짜를 **표시해** 주세요.
Please, **indicate** your preferred date on the form.

indication 보여 주는 것, 표시, 조짐

454
attend   **참석하다**   ☐ ☐ ☐

나는 이번 주말에 친한 친구의 결혼식에 **참석해야** 해.

I need **to attend** the wedding ceremony of my close friend this weekend.

attendance   출석, 참석

455
investment **투자**   ☐ ☐ ☐

부동산은 **괜찮은 장기 투자**가 될 수 있지요.

Real estate can be **a good long-term investment**.

investor   투자자
invest   투자하다

456
trip   **여행**   ☐ ☐ ☐

난 이 노래를 들으면 **우리의 여름 여행**이 떠올라.
(= 이 노래는 나에게 **우리의 여름 여행**을 상기시킨다.)

This song reminds me of **our summer trip**.

→ 주로 짧은 여행을 말한다. 어떤 목적을 위해 잠깐 다녀오는 행동을 의미하기도 한다. 그래서 비즈니스 목적으로 잠깐 가는 여행인 '출장'을 business trip이라고 한다.

457
sleep   **자다**   **수면을 취하다, 취침하다**   ☐ ☐ ☐

sleep-slept-slept

조용히 해 주세요. 아기가 **자고 있어요**.

Please, be quiet. The baby **is sleeping**.

458
promise   **약속**   **약속하다**   ☐ ☐ ☐

약속을 지키는 것은 중요하지요.

It's important to keep **a promise**.

459

potential

잠재력　가능성

□ □ □

그는 위대한 지도자가 될 **잠재력**이 있어요.

He has **the potential** to become a great leader.

potentially

잠재적으로, 어쩌면

460

trouble

문제　어려움, 난관, 고장, 소란

□ □ □

저 좀 도와 주실래요? 제가 **곤란한 상황**에 처해 있어요.

(= 저 좀 도와 주실래요? 제가 **문제** 안에 있어요.)

Can you help me? I'm in **trouble**.

461
middle

중간 가운데 ☐ ☐ ☐

고양이가 길 **중간**에 앉아 있었어요.
The cat sat in **the middle** of the road.

462
suffer

고통받다 어려움을 겪다 ☐ ☐ ☐

많은 소매업체가 팬데믹 동안 **어려움을 겪었습니다**.
Many retail businesses **suffered** during the pandemic.

→ 질병, 고통, 슬픔, 어려움, 난관 등으로 고통받는 것을 말한다.

463
strategy

전략 계획 ☐ ☐ ☐

우리는 더 젊은 고객을 목표로 하는 **새로운 전략**이 필요해요.
We need **a new strategy** that targets younger customers.

464
deep

깊은 깊숙하게, 깊숙이 ☐ ☐ ☐

이 식물의 뿌리는 땅속 **깊숙이** 들어갑니다.
The root of this plant goes **deep** into the ground.

deeply 깊게
depth 깊이, 심도

465

tend

경향이 있다   성향을 보이다

저는 시험 전에 긴장하는 **경향이 있어요**.

I **tend** to get nervous before exams.

→ 보통 'tend to ~'의 형태로 '~하는 경향이 있다'는 의미를 표현할 때 사용한다.

tendency   경향

466

advance

진전   진보, 발전, 나아감, 전진

요즘에는 **기술의 진보**로 인해 집에서 일하는 사람들이 더 많아졌어요.

Nowadays, more people work from home due to **technological advances**.

467

fill

채우다   가득 담다, 메우다

경기장은 환호하는 팬들로 **가득 차 있습니다**.

The stadium **is filled** with cheering fans.

468

operation

작동   운영, 작전, 활동, 수술

그 **군사 작전**은 성공적이었습니다.

The **military operation** was successful.

→ 기계적 원리가 순서에 맞춰 움직일 때 작동이 되듯이, 계획된 절차에 따라 진행하는 작전이나 활동을 의미한다. 병원에서 하는 '수술'의 의미로도 흔히 쓰인다.

operate   작동시키다
operator   작동시키는 사람

469

match

경기 시합; 맞다, 일치하다

월드컵 결승전(최종 경기)은 축구장 안의 관중 모두를 흥분시켰어요.
The World Cup final match excited all the audience inside the stadium.

→ 시합을 하려면 비등한 두 상대가 필요하다. 그래서 match는 두 대상의 짝을 맞추고 일치시킨다는 의미도 가지고 있다.

470

avoid

피하다 막다, 방지하다

건강을 유지하기 위해선 설탕이 많이 든 간식과 음료를 **피하는 것**이 중요합니다.
To stay healthy, it's important **to avoid** sugary snacks and drinks.

471

throw

throw-threw-thrown

던지다 던져 버리다, 버리다

그는 개울에다 돌멩이를 **던졌어요.**
He **threw** a stone into the stream.

472

task

일 임무, 과업

장군은 **그 임무**를 우리 팀에 맡겼습니다.
The general assigned **the task** to my team.

473

normal

정상적인 보통의

모든 것이 현재 **정상적인 것** 같아요.
Everything **seems normal** now.

→ 비정상적이지 않고 정상적이라는 뉘앙스. 참고로, '비정상적인'은 abnormal 이다.

normally   정상적으로

474
associate

연관 짓다 함께 모이다, 제휴하다

우리는 종종 빨강을 열정이나 분노와 **연관 짓지요**.
We often **associate** red with passion or anger.

association 연관, 협회

475
positive

긍정적인

난 어려움 앞에서 **긍정적인 태도**를 가지는 사람들이 좋아요.
I like people who have **positive attitudes** towards challenges.

negative 부정적인

476
option

선택사항 선택권, 옵션

이 두 가지 **선택사항** 중에 하나를 선택해야 해.
You must choose one of **the two options**.

477
huge

거대한 막대한, 엄청난

그 가수의 콘서트는 **엄청난 군중**을 끌어들였어요.
The singer's concert attracted **a huge crowd**.

478

instance

사례 경우 ☐ ☐ ☐

암 조기 발견으로 생명을 살린 **많은 사례**가 있습니다.

There are **many instances** where early detection of cancers saved lives.

479

refer

알아보도록 하다

알아보러 가다, 참조하다, 문의하다 ☐ ☐ ☐

자세한 내용은 이전 장을 **참조하세요.**

Refer to the previous chapter for more details.

→ 주로 사전이나 참고 문헌, 주석 등의 참고할 만한 추가 정보가 있는 곳으로 독자를 보내거나, 직접 가서 더 알아보라는 느낌이다.

reference 참고 (자료)

480

quarter

4분의 1 분기 ☐ ☐ ☐

회계 연도는 **4개의 분기**로 나눠집니다.

The fiscal year is divided into **four quarters**.

→ 1년은 4분기로 나뉘며, 그 중 하나가 quarter이다. 이 quarter는 1/4도 의미하는데, '네 번째'를 의미하는 라틴어 쿼터스(quartus)에서 유래했다. 시간이 지나면서 'quarter'는 무언가를 네 개로 나눈 동일한 부분 중 하나를 나타내게 되었고, quarter가 '4분의 1'을 의미하게 된 배경이기도 하다.

481

assume

추정하다 가정하다 ☐ ☐ ☐

그는 내일 바쁠 것 같습니다. (= 난 내일 그가 바쁠 것이라고 **추정합니다.**)

I **assume** he will be busy tomorrow.

→ 충분한 증거나 정보가 없지만 그러할 것이라고 추정하거나 가정한다는 의미.

assumption 추정

482

sing

sing-sang-sung

노래하다 노래 부르다

□ □ □

저는 노래방에서 **노래 부르는 걸** 별로 즐기지 않아요.
I don't really enjoy **singing** at karaoke.

singer · 가수

483

doubt

의심하다 확신하지 못하다; 의문, 의심

□ □ □

나는 그가 시험에 통과할지 **의문이 들어요**.
I **doubt** that he will pass the exam.

484

competition

경쟁 대회

□ □ □

IT 분야의 **경쟁**은 매우 치열합니다.
The competition in the IT field is very intense.

compete · 경쟁하다
competitive · 경쟁력 있는
competitor · 경쟁자

485

theory

이론

□ □ □

규칙적인 조깅이 두뇌를 건강하게 만들 수 있다는 게 **그의 이론**입니다.
His theory is that regular jogging can make your brain healthy.

theoretical · 이론적인

486

propose

제안하다 청혼하다

□ □ □

그 학생들은 지역 사회의 쓰레기를 줄일 수 있는 방안을 **제안했습니다**.
The students **proposed** a scheme to reduce waste in the community.

→ 어떤 계획이나 비전, 결혼 등을 제안하는 행동을 말한다. 참고로, 청혼을 흔히 '프러포즈(propose)'라고 하지만 정확하게는 proposal이라고 해야 한다.

proposal · 제안, 청혼

487

fly

fly-flew-flown

날다 비행하다 ☐ ☐ ☐

우리는 경유하지 않고 곧장 LA로 **날아갔어요.**

We **flew** directly to LA without stopping.

488

document

문서 서류; 기록하다 ☐ ☐ ☐

중요한 원본 **문서**는 안전한 곳에 보관하세요.

Keep **important original documents** in a safe place.

489

obviously

분명히 확실히, 당연히 ☐ ☐ ☐

피해자들은 **당연히** 그 판결에 화가 났습니다.

The victims were **obviously** upset about the decision.

obvious   분명한, 확실한

490

bill

고지서 계산서, 법안 ☐ ☐ ☐

이번 달 전기 요금이 예상보다 많이 나왔어요.

(= 이번 달의 **전기 요금 고지서**는 예상보다 높았다.)

The electricity bill this month was higher than expected.

491

search

검색하다 찾다, 수색하다 ☐ ☐ ☐

난 필사적으로 주차할 곳을 **찾았어요.**

I desperately **searched** for a place to park.

→ 열심히 애써서 찾는 행동이다. 필요한 정보를 찾아 인터넷 구석구석을
  돌아다니거나, 경찰이 실종자를 수색하는 경우 등을 표현할 수 있다.

492
separate

분리하다 나누다, 떨어뜨려 놓다 ☐ ☐ ☐

재활용품과 쓰레기를 **분리해** 주세요.

Please, separate the recyclables from the trash.

493
anyway

어쨌든 ☐ ☐ ☐

지금 비가 오고 있지만 **어쨌든** 난 나간다.

It's raining now, but I'm going out **anyway**.

494
speech

연설 강연 ☐ ☐ ☐

제 **연설**을 준비할 시간이 좀 필요해요.

I need some time to prepare **my speech**.

495
officer

간부 경찰관, 장교, 공무원, 임원 ☐ ☐ ☐

고위급 간부들이 내일 회의에 참석할 것입니다.

The senior officers will attend the meeting tomorrow.

→ 조직에서 중요한 역할을 수행하고 책임을 지는 권위 있는 직책의 사람을 의미한다. 보통 a police officer(경찰관)처럼 앞에 구체적인 직책을 설명하는 단어와 함께 사용한다.

496
profit

이익 순수익, 이윤   ☐ ☐ ☐

우리는 **이윤**의 일부를 자선 단체에 기부합니다.
We donate a portion of **our profits** to a charity.

497
guess

추측하다   ☐ ☐ ☐

답을 **추측할 수 있겠니**?
Can you **guess** the answer?

498
fun

재미 장난, 즐거움   ☐ ☐ ☐

그 저녁 식사 자리는 **아주 재미있었어요**.
(= 우리는 그 저녁 식사 자리에서 **많은 재미**를 가졌다.)
We had **a lot of fun** at the dinner.

funny   재미있는, 기이한

499
protect

보호하다 지키다   ☐ ☐ ☐

우리는 공해로부터 우리의 환경을 **보호해야 합니다**.
We **should protect** our environment from
pollution.

protection   보호

500
resource

자원 재료, 재원   ☐ ☐ ☐

경찰은 그 실종자를 찾는 데 막대한 **시간과 자원**을 쏟아부었어요.
The police put an enormous amount of **time
and resources** into finding the missing person.

501
science

과학

과학과 기술은 빠르게 진보하고 있습니다.
Science and technology are rapidly advancing.

scientific   과학적인
scientist   과학자

502
disease

질병

손 씻기로 **많은 질병**을 예방할 수 있지요.
Washing hands can prevent **many diseases**.

503
author

저자   글쓴이

J. K. 롤링은 〈해리 포터〉 시리즈의 **저자**입니다.
J. K. Rowling is **the author** of the *Harry Potter* series.

504
basic

기본적인   필수적인, 근본적인

나는 지금 **기본 영단어**를 배우고 있습니다.
Now I'm learning **the basic English words**.

basically   근본적으로
basis   기반, 근거

505

encourage

격려하다 용기를 주다 ☐ ☐ ☐

부모님은 내가 최선을 다할 수 있게 항상 **격려해 주세요**.

My parents always **encourage** me to do my best.

→ 용기(courage)를 넣는다(en-)는 의미이다. 용기를 불어넣고 격려한다는 뜻이 되었다.

506

male

남성의 수컷의; 남성 ☐ ☐ ☐

전화기 너머로 **남성의 목소리**가 들렸어요.

I heard **a male voice** over the phone.

female 여성의; 여성

507

reflect

반사하다 비추다, 반영하다 ☐ ☐ ☐

그녀의 그림은 그녀의 감정을 **반영합니다**.

Her paintings **reflect** her emotions.

reflection 반사, 반영

508

exercise

운동 연습, 훈련 ☐ ☐ ☐

규칙적인 운동이 우울증과 불안감을 낮추는 데 도움이 될 수 있어요.

Regular exercise may help ease depression and anxiety.

509

useful

유용한 쓸모 있는 ☐ ☐ ☐

포토샵에는 사진작가를 위한 **유용한 기능들이 많이** 있습니다.

Photoshop has **many useful features** for photographers.

510

income

수입 소득 ☐ ☐ ☐

이번 달 내 지출은 벌써 **내 수입**을 넘어섰어요.

My expenses this month have already exceeded **my income**.

511

property

재산 소유물, 부동산 ☐ ☐ ☐

이웃끼리 **부동산 경계**를 놓고 분쟁이 일었습니다.

The neighbors had a dispute over **the property line**.

→ 재산이 되는 부동산(건물, 주택, 빌딩, 토지 등)을 가리키는 경우가 많지만, 일반적인 유무형의 소유 재산(자가용, 지식재산권, 주식 등)도 property에 해당한다.

512

previous

이전의 ☐ ☐ ☐

더 자세한 내용은 **이전 장**을 참조하세요.

Refer to **the previous chapter** for more details.

previously　　　이전에는

513

dark

어두운 깜깜한 ☐ ☐ ☐

방이 **너무 어두워서** 거의 보이지가 않았어요.

The room **was so dark** that I could barely see.

darkness　　　어둠

514

imagine

상상하다 ☐ ☐ ☐

모든 사람이 평화롭게 삶을 사는 것을 **상상해 보세요**.

Imagine all the people living life in peace.

imagination　　　상상(력)

515
earn

벌다 얻다, 획득하다　☐ ☐ ☐

유투버는 영상에 붙인 광고로 돈을 **벌 수 있습니다.**
YouTubers **can earn** money through advertisements on their videos.

516
post

자리 위치, 푯대, 우편　☐ ☐ ☐

그 군인은 출입구를 지키며 **그의 자리(초소)**에 서 있었어요.
The soldier stood at **his post**, guarding the entrance.

→ 기본적 의미는 (말뚝이나 푯대로 표시해 둔) 어떤 위치나 자리이다. 과거에 우편물을 배달하는 말을 교체하거나 쉬게 하는 장소의 위치를 표시할 때 주로 사용하였기에 요즘도 '우체국(post office)'이나 '우편물(post)'을 일컫는 단어로 흔히 사용한다. 오늘날, 블로그 등에 올리는 글도 '포스트(post)'라고 하는데, 이는 블로그에 새로 올라온 글이 마치 새로 받는 편지나 우편물과 같은 느낌을 주기 때문이다.

517
define

정의하다 명확히 밝히다, 규정하다　☐ ☐ ☐

상황이 내 미래를 **정의할 순 없어요.**
My circumstance **should not define** my future.

definition　　　정의

518
conclusion

결론 결말　☐ ☐ ☐

다행히 회의가 **명확한 결론**으로 마무리됐습니다.
Fortunately, the meeting ended with **a clear conclusion**.

conclude　　　결론을 내리다

519
clock

시계　☐ ☐ ☐

빅 벤은 세계에서 **가장 유명한 시계**입니다.
Big Ben is **the most famous clock** in the world.

520
professional

전문적인 능숙한

그녀는 오랜 경력의 **전문 댄서**입니다.

She's a professional dancer with years of experience.

→ 어떤 일을 직업으로 삼아 돈을 받을 수 있을 만큼 전문적이고 능숙하다는 뉘앙스이다. 줄여서 '프로(pro)'라고 말한다.

= pro
profession

전문적인, 능숙한
(전문직) 직종

521
mine

광산 갱, 지뢰

그 **탄광**은 수년 전에 문을 닫았습니다.

The coal mine was closed years ago.

→ 땅을 파 내려간 광산이나 갱을 말한다. 이렇게 땅을 파는 행위와 밀접한 관련이 있어서 채굴하거나 캐내는 느낌도 담고 있다. 땅을 파서 심는 무기인 지뢰도 mine이다. 또, 동음이의어로 mine은 '나의 것'이기도 하다.

522
debate

토론

토론은 비판적 사고 능력을 높일 수 있습니다.

Debates can enhance critical thinking skills.

523
song

노래

난 **이 노래**를 들으면 우리의 여름 여행이 떠올라요.
(= **이 노래**는 나에게 우리의 여름 여행을 상기시킨다.)

This song reminds me of our summer trip.

524
object

물체 대상　　　　　　□ □ □

중력은 **두 물체**가 서로를 향해 끌어당기는 힘입니다.

Gravity is the force that attracts **two objects** towards each other.

→ 나의 외부에 있으면서 시야에 들어오는, 즉 주목을 받는 대상이나 물체를 의미한다. 그래서 '목적', '목표'의 의미로 확장되었다. 또한, 나의 밖에 있는 대상이기에 '주관적이지 않고 객관적인'이라는 뉘앙스도 가지게 되었다.

objective　　　목적; 객관적인

525
maintain

유지하다　　　　　　□ □ □

여러분의 웰빙을 위해 일과 삶의 균형을 **유지하는 것**이 중요합니다.

It's important **to maintain** a work-life balance for your well-being.

→ 보수하고 관리하면서 정상 상태가 유지될 수 있도록 하는 행동을 말한다.

maintenance　　　유지

526
credit

신용 신뢰　　　　　　□ □ □

은행 대출을 받으려면 **신용 평가**를 거쳐야 해.

You need to go through **a credit assessment** to get a bank loan.

→ 주로 금융과 관련된 맥락에서 '신용'을 의미할 때 사용한다.

527
discover

발견하다 찾아내다　　　　　　□ □ □

콜럼버스는 1492년에 아메리카 대륙을 **발견했습니다**.

Columbus **discovered** the Americas in 1492.

→ 이전에 몰랐던 것을 처음 찾아내는 것을 말한다. cover(덮다)의 반대 개념이다.

discovery　　　발견

528
prefer

선호하다 더 좋아하다 ☐ ☐ ☐

나는 하이힐보다는 플랫 슈즈를 **선호해요**. 특히, 직장에서 그렇죠.

I prefer flat shoes over heels, especially when I'm at work.

preference　　선호

529
extend

연장하다 길게 늘이다, 확장하다 ☐ ☐ ☐

마감일을 일주일 **연장해** 주실 수 있나요?

Can you **extend** the deadline by one week?

→ 길이나 기한, 면적 등을 넓히는 행동이다.

extension　　연장, 확대
extensive　　아주 넓은, 광범위한

530
facility

시설 기관 ☐ ☐ ☐

이 스포츠 시설에는 수영장과 헬스장 둘 다 있어요.

The sports facility has both a swimming pool and a gym.

MP3 032

531
daily

매일의 매일

매일 하는 명상이 스트레스를 줄이는 데 도움이 됩니다.
Daily meditation helps reduce stress.

→ 매일, 하루마다 반복되는 뉘앙스.

day 날, 낮, 하루, 요일

532
clothes

옷

나가기 전에 **네 옷**을 갈아입어라.
Change **your clothes** before you go out.

→ 셔츠, 바지, 상의, 하의, 재킷 등의 일반적인 옷을 통칭하는 단어이다. 비슷하게 생긴 단어 clothing은 천(cloth)으로 만들어진, 양말이나 모자 등의 것들까지 포함한, 입거나 착용할 수 있는 모든 종류의 '의류'를 말한다.

clothing 의류

533
screen

화면 장막, 스크린

내 **휴대폰 화면**에 금이 갔어요.
My phone screen is cracked.

534
responsibility

책임 책임감

큰 힘에는 **큰 책임**이 따르는 법이죠.
With great power comes **great responsibility**.

responsible 책임이 있는

535
original

원본의 독창적인   ☐ ☐ ☐

중요한 원본 문서는 안전한 곳에 보관하세요.
Keep **important original documents** in a safe place.

origin   유래, 기원
originally   원래는

536
rock

바위 암석   ☐ ☐ ☐

강 옆의 **바위**가 촛대처럼 생겼어요.
The rock by the river looks like a candlestick.

537
dream

꿈 희망; 꿈을 꾸다   ☐ ☐ ☐

그는 **자신의 꿈**을 좇아 예술가가 되었어요.
He chased **his dream** and became an artist.

538
agency

대행사 서비스 제공 기관   ☐ ☐ ☐

그녀는 난민들에게 도움을 제공하는 **비영리 기관**에서 일합니다.
She works for **a non-profit agency** that provides aid to refugees.

→ 본질적으로 agency는 어떤 행동을 대신해서 하는 대상을 의미한다. 그래서, 대행사나 중개소 정도로 이해하면 쉽다. 이러한 대행사나 중개소가 개인이라면 agent(대리인), 집단이라면 agency(대리업체, 기관)라고 볼 수 있다.
007 영화에서 살인 면허를 가진 요원들을 '에이전트(agent)'라고 한다. 정부를 대신해서 악당을 몰래 해치우는 역할을 하는 대리인이기 때문이다.

agent   대리인

539

fix

고치다 수리하다, 정하다, 고정시키다 ☐ ☐ ☐

내 컴퓨터 **고치는** 것 좀 도와줄 수 있어? 켜지질 않네.

Can you help me **fix** my computer? It won't start.

540

ahead

앞에 앞쪽을, 미리, 앞선 ☐ ☐ ☐

운전자는 사고를 방지하기 위해 **전방을** 주시해야 합니다.

Drivers should look **ahead** to avoid accidents.

541

cross

건너다 가로지르다, 교차하다; 십자 모양, X표 ☐ ☐ ☐

국경을 **건너려면** 유효한 여권이 필요하다.

You need a valid passport **to cross** the border.

→ 도로 등을 가로질러 건너는 것을 형상화하면 X자 또는 십자와 같은 모양이 된다.

542

candidate

후보자 지원자, 응시자 ☐ ☐ ☐

보아하니 스티브가 이 일에 **가장 좋은 후보**네요.

Steve is apparently **the best candidate** for the job.

543

weight

무게 체중, 질량 ☐ ☐ ☐

나 살 빼고 싶어.
(= **체중을** 감량하고 싶어.)

I want to lose **weight**.

→ 사람의 무게는 체중이라고 한다. 체중 역시 weight이다. '살을 빼다' 또는 '감량하다'는 표현은 lose weight라고 하는데, 직역하면 '무게를 잃다'는 의미이다.

weigh   무게를 재다

544

legal

합법적인 법률의, 법과 관련된 ☐ ☐ ☐

그는 계약서에 서명하기 전에 **법률 자문**을 구했어요.

He sought **legal counsel** before signing the contract.

→ legal은 '법(law)의, 법과 관련된, 법적인, 법에 부합하는'의 의미이다. 반의어인 illegal은 '불법적인'의 뜻이다.

illegal   불법적인

545

conversation

대화 ☐ ☐ ☐

난 카페에서 **흥미로운 대화**를 우연히 듣게 되었어요.

I overheard **an interesting conversation** at the cafe.

546

shape

모양 형태 ☐ ☐ ☐

바오밥 나무는 **독특한 모양**을 가지고 있지요.

The baobab tree has **a unique shape**.

547

immediately

즉시 즉각, 곧바로 ☐ ☐ ☐

화재경보가 발생하였습니다. **즉시** 건물을 떠나 대피하시기 바랍니다.

A fire alarm has been activated. Evacuate the building **immediately**.

immediate   즉각적인

548

traditional

전통적인 ☐ ☐ ☐

그녀의 디자인은 **전통적인** 요소와 현대적인 요소를 혼합한다.

Her designs mix **traditional** and contemporary elements.

tradition   전통

549

replace

교체하다　대체하다　☐ ☐ ☐

배터리를 곧 **교체해야** 해요.
(= 배터리는 곧 **교체되어야** 한다.)
The batteries need **to be replaced** soon.

550

judge

판단하다　평가하다; 판사　☐ ☐ ☐

겉모습만 보고 **판단해선 안 돼.**
(= 책의 표지로 책을 **판단해선 안 된다.**)
You **shouldn't judge** a book by its cover.

judgment　판단, 심판

551

suddenly

갑자기　☐ ☐ ☐

그가 **갑자기** 청혼했을 때 그녀는 깜짝 놀랐어요.
She was shocked when he **suddenly** proposed to her.

sudden　갑작스러운

552

generation　세대　☐ ☐ ☐

노년 **세대**는 때때로 신기술을 받아들이는 데 어려움을 겪습니다.
The older generation sometimes struggles with new technology.

553

estimate

추정하다　추정, 견적　☐ ☐ ☐

전체 비용을 **추정하는 것**은 어렵습니다.
It's difficult **to estimate** the total cost.

554
favorite

선호하는 좋아하는, 마음에 드는   ☐ ☐ ☐

피자에 **좋아하는 토핑을** 꼭 추가하세요!
Don't forget to add **your favorite toppings** to the pizza!

555
purchase

구입하다 구입, 구매   ☐ ☐ ☐

온라인으로 티켓을 **구입할 수** 있어요.
You **can purchase** the tickets online.

556
shoot

shoot-shot-shot

쏘다 발사하다, 촬영하다   ☐ ☐ ☐

경찰이 그 살인자를 총으로 **쏴 죽였어요.**
The police **shot** the murderer **dead.**

→ 총을 격발하거나 공을 차거나 던져 날리는 등의 행동, 사진기 셔터를 누르는 등의 행동을 말한다.

shot   샷, 발사

557
announce

발표하다 알리다, 밝히다, 선언하다   ☐ ☐ ☐

대통령이 기자 회견 중에 새로운 정책을 **발표할 것입니다.**
The president **will announce** a new policy during the press conference.

→ 대중을 상대로 방송 등에서 공식적으로 발표하거나 알리는 행동을 말한다.

announcement   발표, 공지

558
recommend

추천하다 권하다   ☐ ☐ ☐

역사에 관한 괜찮은 책을 **추천해 줄 수** 있나요?
Can you **recommend** a good book on history?

recommendation   추천

559
survey

설문 조사 설문지

□ □ □

회사에서 곧 **고객 만족도 설문 조사**를 실시할 예정입니다.

The company will soon conduct **a customer satisfaction survey**.

560
stick

stick-stuck-stuck

들러붙다 붙이다, 찌르다

□ □ □

대출금을 갚기 위해 나는 월 예산 이상의 지출을 하면 안 돼요.
(= 대출금을 갚기 위해 나는 월 예산에 **들러붙어** 있어야 한다.)

I need **to stick** to my monthly budget to pay off my loan.

→ 스티커(sticker)처럼 끈적하게 들러붙는 행동을 의미한다. 또한 막대기같이 뾰족하고 긴 스틱(stick)으로 찌르는 행동을 묘사하기도 한다.

561
request

요청 요구

□ □ □

팀장은 **그의** 휴가 **요청**을 거절했습니다.

The team manager denied **his request** for a day off.

562
wind

바람

□ □ □

국기가 **바람**에 펄럭이고 있었습니다.

The national flag was waving in **the wind**.

MP3 **033**

563
exchange
교환하다 교환, 맞바꿈 ☐ ☐ ☐

이 신발을 좀 더 큰 사이즈로 **교환하고 싶어요.**
I'd like to exchange these shoes for a larger size.

564
budget
예산 비용 ☐ ☐ ☐

대출금을 갚기 위해 나는 **월 예산** 이상의 지출을 하면 안 돼요.
I need to stick to **my monthly budget** to pay off my loan.

565
famous
잘 알려진 유명한 ☐ ☐ ☐

빅 벤은 세계에서 **가장 유명한 시계**입니다.
Big Ben is **the most famous clock** in the world.

→ 주로 훌륭하거나 뛰어나서 잘 알려진, '긍정적인 명성'이라는 느낌이다.

566
blood
피 혈액 ☐ ☐ ☐

그 소년은 코에서 나는 **피**를 닦았어요.
The boy wiped **the blood** from his nose.

bloody   피투성이의

567
appropriate
적절한 알맞은 ☐ ☐ ☐

지금 내 감정을 표현할 **적절한 단어**를 못 찾겠어.
I can't find **the appropriate words** to express my feelings now.

568

block

막다 차단하다; 사각 덩어리(블록) ☐ ☐ ☐

출입구를 **막지 마세요**. 비상구입니다.

Please, don't block the entrance. It's an emergency exit.

569

warm

따뜻한 온화한 ☐ ☐ ☐

이렇게 따뜻하게 반겨 주실 줄은 몰랐어요.
(= **이렇게나 따뜻한 환영**을 기대하진 않았어요.)

I didn't anticipate **such a warm welcome**.

570

content

내용물 콘텐츠 ☐ ☐ ☐

그 영화의 **내용**은 모든 연령에 적합합니다.

The content in the movie is suitable for all ages.

571

prevent

예방하다 막다 ☐ ☐ ☐

손 씻기로 많은 질병을 **예방할 수 있습니다**.

Washing hands **can prevent** many diseases.

572

safe

안전한 ☐ ☐ ☐

중요한 원본 문서는 **안전한 곳**에 보관하세요.

Keep important original documents in **a safe place**.

safety   안전(성)

573

invite

초대하다 ☐ ☐ ☐

그 사람들은 결혼식에 날 **초대하지 않았어요**.

They **didn't invite** me to their wedding.

invitation   초대(장)

574
mix

섞다 혼합하다 ☐ ☐ ☐

그녀의 디자인은 전통적인 요소와 현대적인 요소를 **혼합합니다**.
Her designs **mix** traditional and contemporary elements.

mixture 　　　 혼합물

575
text

글 문서, 텍스트 ☐ ☐ ☐

방금 읽은 **글**을 간략히 요약해 주실 수 있나요?
Can you give me a brief summary of **the text** you've just read?

→ 휴대폰의 '문자 메시지' 또는 '문자 메시지를 보내다'도 text라고 한다.

576
correct

옳은 맞는, 틀리지 않은; 바로잡다, 정정하다 ☐ ☐ ☐

옳은 답보다는 너만의 답을 찾으려고 노력해라.
Try to find your own answer, rather than **the correct one**.

577
medical

의학의 의료의 ☐ ☐ ☐

이 건강 앱을 통해서 **당신의 의료 기록**을 의사와 공유할 수 있습니다.
Through this health app, you can share **your medical record** with your doctor.

medicine 　　　 의학, 약

578
admit

인정하다 자백하다, 시인하다 ☐ ☐ ☐

넌 실수를 **인정해야만 해**. 그리고 친구들에게 사과해야만 해.
You **must admit** your mistake. And you must apologize to your friends.

→ 잘못이나 범행 등을 시인하고 책임을 받아들이는 행동을 말한다.

579
beat 이기다 물리치다, 때리다 ☐ ☐ ☐

beat-beat-beat

패스트푸드가 가정식을 **이길 수는 없지요**.
Fast foods **can't beat** home-cooked meals.

→ 물리적으로 두들기거나 때리는 행동을 묘사한다. 시합이나 게임에서는 상대를
그렇게 때려 '물리친다, 이긴다'는 의미로 사용한다.

580
aware 인식하는 알고 있는, 인지하고 있는 ☐ ☐ ☐

동네 공원의 중요성에 대해 **인지하고 계시나요?**
Are you **aware** of the importance of local parks?

awareness 인식, 의식

581
advice 조언 충고 ☐ ☐ ☐

난 **부모님의 조언을** 따랐어야 했어요.
I should've followed **my parents' advice**.

advise 조언하다
adviser 조언자

582
glass 유리 유리컵 ☐ ☐ ☐

유리 접시 떨어뜨리지 않도록 조심해.
Be careful not to drop **the glass plate**.

583
trial 시도 시험, 실험, 재판, 대회 ☐ ☐ ☐

신약이 **임상 시험** 단계를 지나고 있습니다.
(= 신약이 **임상 시험**을 받고 있다.)
The new drug is undergoing **clinical trials**.

→ 어떤 최종 결과를 얻기 전에 시도해 보는 것, 시험, 실험 등을 의미한다.

584
administration 행정 관리 ☐ ☐ ☐

회사의 **행정팀**이 인사 기록과 급여를 담당합니다.

The company's administration team handles employee records and wages.

→ administration은 단어가 길고 발음이 쉽지 않아서인지 admin이라고 줄여서 사용하기도 한다.

585
complex 복잡한 ☐ ☐ ☐

인간의 두뇌는 믿을 수 없을 정도로 **복잡합니다.**

The human brain is incredibly complex.

→ 여러 대상이나 요소가 한 곳에 밀도 높게 모여 있어 복잡한 느낌을 표현한다.

complexity   복잡성
complicate   복잡하게 하다; 복잡한, 뒤얽힌

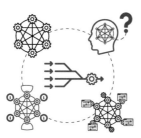

586
element 요소 성분, 원소 ☐ ☐ ☐

그녀의 디자인은 전통적인 요소와 **현대적인 요소**를 혼합합니다.

Her designs mix traditional and **contemporary elements**.

587
context 맥락 문맥, 전후 사정 ☐ ☐ ☐

오해를 피하기 위해서는 **맥락**을 이해하는 것이 중요합니다.

To avoid any misunderstandings, it's important to understand **the context**.

588

ride

ride-rode-ridden

타다 타고 가다

□ □ □

저는 주말에 자전거를 **타는 것**을 좋아해요.

I love **to ride** my bicycle on weekends.

→ 말, 자전거, 오토바이 등의 딜깃에 올라타고 이동하는 행동을 말한다.

589

directly

곧바로 곧장, 직접적으로, 똑바로

□ □ □

우리는 경유하지 않고 **곧장** LA로 날아갔어요.

We flew **directly** to LA without stopping.

590

heavy

무거운 심한

□ □ □

이 박스는 혼자 들기엔 너무 **무거워요**.

This box **is** too **heavy** to lift alone.

heavily

심하게, 세게, 힘껏

591

remove

제거하다 없애다, 치우다

□ □ □

가열하기 전에 뚜껑을 **제거하세요**.

Remove the lid before heating.

592

conduct

실시하다 진행하다, 시행하다

□ □ □

회사는 곧 고객 만족도 설문 조사를 **실시할 예정입니다**.

The company **will** soon **conduct** a customer satisfaction survey.

→ 실험이나 연구, 조사 등을 실시한다는 의미이다.

593
equipment
장비 설비, 용품

개인 **보호 장비**에는 장갑, 고글, 안전모 등의 물품이 포함됩니다.
Personal protective equipment includes items such as gloves, goggles, and safety helmets.

594
otherwise
그렇지 않으면

너, 코트 입어야 해, **그렇지 않으면** 감기에 걸릴 거야.
You should wear a coat, **otherwise** you'll get a cold.

595
extra
추가적인 예비의; 추가, 엑스트라

만일을 대비해서 **예비 건전지 몇 개**를 챙겨라.
Just in case, keep **some extra batteries**.

→ extra는 기본적으로 '핵심/중심 영역의 밖에 있는'의 의미이다. 여기에서 '필수가 아닌', '추가적인', '예비의' 등의 의미로 파생되었다.

596
executive
경영자 간부, 운영자; 경영의

스티브 잡스는 애플사의 **최고경영자(CEO)**였습니다.
Steve Jobs was **the Chief Executive Officer (CEO)** of Apple.

597
chair

의자 (직책) 의장 □ □ □

저 **빨간 의자**에 앉아 주세요.

Please, sit down on **that red chair.**

→ 회의나 조직에서 중심에 있는 인물이 특별한 의자에 앉는 문화에서 chair가
'의장, 위원장' 등의 의미를 가지게 되었다.

chairperson   회장

598
sex

성별 성 □ □ □

많은 국가에서 **동성 결혼**은 여전히 논란이 많습니다.

Same-sex marriage is still controversial in
many countries.

sexual   성적인

599
deliver

배달하다 배송하다 □ □ □

이 상자를 **배송하기 위해서** 저희는 고객님의 이름과 주소가 필요합니다.

To deliver this box, we need your name and
address.

delivery   배달, 전달

600
connection

연결 접속, 연관성 □ □ □

식단과 건강은 **밀접한 연관성**이 있습니다.

There's **a strong connection** between diet and
health.

connect   연결하다

CHAPTER 4

최고 빈도

601-750

601
primary

주요한 최초의, 첫 번째 단계의

간호사로서 **그녀의 첫 번째 의무는** 환자를 간호하는 겁니다.
As a nurse, **her primary duty** is to care for patients.

→ '가장 주요한' 느낌을 나타낸다. 그래서 '가장 먼저 최초로, 첫 번째의'라는 의미가 된다.

primarily   주로

602
weather

날씨 기상

오늘 **날씨**는 캠핑하기에 이상적인걸.
The weather today is ideal for camping.

603
collect

수집하다 모으다

우리는 해변을 따라 걸으면서 조개껍데기를 **모았어요**.
We **collected** seashells walking along the beach.

collection   모음, 수집품

604
principle

원칙 기본 원리

나는 **나만의 원칙**에 따라 그 제안을 거절했어요.
I refused the offer based on **my personal principles**.

605
straight

일직선으로 직진으로, 곧바로, 곧장

앞으로 **곧장** 계속 걸어가면 오른쪽에 도서관이 보일 거예요.
Keep walking **straight** ahead and you'll see the library on your right.

606
appeal

매력 호소, 간청, 끌어들임

사람들은 그녀의 친절함에 **큰 매력**을 느껴요.
(= 다른 사람들에게 그녀의 친절함은 **상당한 매력**이다.)
Her kindness has **a strong appeal** to others.

→ 상대방의 관심이나 흥미를 끄는 것으로, 다양한 맥락에서 '매력, 호소, 청원, 항소' 등의 의미로 사용된다.

607
trust

신뢰 믿음

신뢰를 쌓으려면 행동에 일관성이 있어야 해요.
To build **trust**, you need to be consistent in your actions.

608
wonderful

아주 멋진 아주 좋은, 경이로운

와, 이 치킨은 **맛이 아주 좋다**!
Wow, this chicken **tastes wonderful**!

→ wonderful은 본질적으로 매우 긍정적인 느낌의 단어이다. 어떤 대상이나 특성에 대해 긍정적인 평가를 할 때 사용할 수 있다. 그림이 멋져도 wonderful! 맛이 있어도 wonderful!
참고로, wonder는 '경이로운 것' 또는 '놀라운 일', '기적'의 의미이다.

609
flat

평평한 납작한 ☐ ☐ ☐

나는 하이힐보다는 **평평한 신발(플랫 슈즈)**을 선호하는데, 특히 일할 때
그렇습니다.

I prefer **flat shoes** over heels, especially when
I'm at work.

610
absolutely

완전히 전적으로, 정말로 ☐ ☐ ☐

탐 크루즈의 연기는 **정말** 환상적이었어요.

Tom Cruise's acting was **absolutely** fantastic.

absolute 완전한

611
flow

흐르다 흐름, 이동 ☐ ☐ ☐

오늘 아침 도로는 한산합니다.
(= 오늘 아침에는 교통이 원활하게 **흐르고 있습니다.**)

Traffic **is flowing** smoothly this morning.

612
fair

공정한 공평한, 타당한 ☐ ☐ ☐

판사의 결정은 **공정했습니다.**

The judge's decision **was fair**.

613
farm

농장 ☐ ☐ ☐

그 부부는 **자기네 농장**에서 닭을 길러요.

The couple raise chickens on **their farm**.

farmer 농부

614
hang

매달다 걸다 ☐ ☐ ☐

hang-hung-hung 재킷을 의자에다 **걸지 말아라.**

Don't hang your jacket on the chair.

615
band

띠 끈, 줄, 밴드 ☐ ☐ ☐

머리를 묶다가 **고무줄**이 끊어졌어요.
I broke **the rubber band** while tying my hair.

→ 두르거나 묶는 띠나 끈, 줄을 의미한다. 또한, '록 밴드(rock band)'처럼 '하나로 묶인 소규모의 집단'을 의미하기도 한다.

616
tour

여행 투어, 관광 ☐ ☐ ☐

그 박물관은 웹사이트에서 **가상 투어**를 제공해요.
The museum offers **a virtual tour** on its website.

tourist   관광객
tourism   관광(업)

617
alternative

대안 대체품, 대용품 ☐ ☐ ☐

대중교통은 개인 차량을 대체할 **훌륭한 대안**입니다.
Public transportation is **a great alternative** to private vehicles.

alter   대체하다, 바꾸다, 고치다

618
pair

쌍 짝 ☐ ☐ ☐

나는 신발 **한 켤레**를 샀어요.
I bought **a pair** of shoes.

619
ship

운송하다 수송하다; 배, 선박 ☐ ☐ ☐

해외로 **운송하는 것**은 비용이 얼마나 드나요?
How much does it cost **to ship** overseas?

→ 화물 운송에 본격적으로 사용된 최초의 운송 수단이 선박이기에 ship에는 '운송하다'라는 의미도 들어가게 되었다.

620

attitude 　　　태도　자세 ☐ ☐ ☐

난 어려움 앞에서 **긍정적인 태도**를 가지는 사람들이 좋아요.
I like people who have **positive attitudes** towards challenges.

621

observe 　　　관찰하다　관측하다, 보다 ☐ ☐ ☐

천문학자들은 데이터를 수집하기 위해 별을 **관측합니다**.
Astronomers **observe** stars to gather data.

observation 　　　관찰, 관측

622

sentence 　　　문장 ☐ ☐ ☐

문장은 항상 대문자로 시작하세요.
Always start **a sentence** with a capital letter.

623

progress 　　　진전　진보 ☐ ☐ ☐

꾸준히 연습하지 않으면 **진전**도 없는 법이지.
Without consistent practice, there's no **progress**.

→ 점차 앞으로 나아가는 긍정적인 뉘앙스이다.

624

examine 　　　조사하다　검토하다 ☐ ☐ ☐

경찰관은 현장의 증거를 자세히 **조사했습니다**.
The police officers closely **examined** the evidence at the scene.

→ examine은 정교하게 자세히 살펴보고 조사하는 행위를 말한다. 학생들의 학업 성취 정도를 자세히 살펴보고 검토하는 행위도 여기에 포함된다. 그래서 '시험'이 examination이며, 줄여서 exam이라고도 한다.

examination 　　　조사, 시험
(= exam)

625
lay
lay-laid-laid

내려놓다 두다, 깔다, 눕히다

네 카드를 테이블 위에 **내려놓아라**.
Lay your cards on the table.

→ 대개, 알같이 부서지기 쉬운 물체를 조심스럽게 내려놓거나, 평평하고 납작한 이불이나 판 같은 대상을 바닥에 까는 행동을 말한다. '레이어(layer)'는 그렇게 깔린 '막'이나 '겹'을 뜻한다.

layer   레이어, 막, 겹

626
reply

답변 응답; 대답하다, 답장하다

매니저는 내 이메일에 **신속한 답변**을 보냈습니다.
The manager sent **a prompt reply** to my email.

627
display

전시하다 보여 주다; 화면

이 박물관은 고대 문명의 유물을 **전시합니다**.
This museum **displays** artifacts from ancient civilizations.

628
transfer

옮기다 이전하다

난 내 재산을 다 아내 이름 앞으로 **옮겼어요**.
I **transferred** all my assets into my wife's name.

→ 무언가를 옮겨 다른 곳으로 이적하고 이전하는 행동을 말한다. 지하철이나 기차 등의 '환승'도 transfer이다.

629

slightly

약간 조금

□ □ □

우리의 최초 계획이 **약간** 바뀌었어요.

Our initial plan has changed **slightly**.

slight   약간의

630

overall

전반적인 전체의, 전체적인, 종합적인

□ □ □

새로운 CPU의 **전반적인 성능**은 뛰어납니다.

The overall performance of the new CPU is outstanding.

631
intend

의도하다 작정하다 ☐ ☐ ☐

난 다음 주까지는 이 책을 다 읽을 **작정이에요**.
I **intend** to finish this book by next week.

intention 의도

632
regular

규칙적인 정기적인 ☐ ☐ ☐

규칙적인 운동이 우울증과 불안감을 낮추는 데 도움이 될 수 있습니다.
Regular exercise may help ease depression and anxiety.

regularly 규칙적으로

633
physical

물리적인 육체의 ☐ ☐ ☐

스트레스는 당신의 정신 및 **육체 건강**에 영향을 줄 수 있습니다.
Stress can affect your mental and **physical health**.

→ physical은 '자연 상태에서 부피나 형태를 갖추고 존재하는, 그래서 인간의 감각으로 손쉽게 인지할 수 있는 물질적인'의 의미이다. 여기에서 파생된 의미가 '물질 법칙의 영향을 받는(= 물리적인)' 또는 '육체를 갖춘'이다. 이때의 '육체'는 '정신'의 대립어이다.

634
apart

떨어져 분리되어 ☐ ☐ ☐

코로나19 팬데믹 동안 우리는 **떨어져 지내야** 했습니다.
We had to **stay apart** during the COVID-19 pandemic.

apartment 아파트

635
suit

정장 한 벌의 옷; 어울리다, 알맞다 ☐ ☐ ☐

남성 **정장**에는 무늬 없는 흰색 셔츠가 가장 잘 어울립니다.

A plain white shirt goes best with **a man's suit.**

→ 정장의 '핏(fit)'은 봄 전체에 알맞게 만들어진다. 몸 전체에 딱 맞게 만들어진 한
벌이 바로 '수트(suit)'. 정장을 비롯하여, 아이언맨의 갑피나 전신 수영복 같은 것
도 수트이다. 또한 suit는 '잘 맞고 잘 어울린다'는 의미도 있다.

suitable   알맞은, 적절한

636
federal

연방제의 ☐ ☐ ☐

미국은 **연방 공화국**입니다.

The United States is **a federal republic.**

→ 연방은 여러 주(state)가 연합하여 하나의 국가를 이루는 것을 말하는데, 대표적으
로 미국이 연방제를 실시하고 있다.

637
reveal

밝히다 (비밀을) 폭로하다, 드러내다 ☐ ☐ ☐

일론 머스크는 인류를 화성에 보낼 웅장한 계획을 **밝혔습니다.**

Elon Musk **revealed** his grand plan to send
humans to Mars.

638
peace

평화 평온함 ☐ ☐ ☐

평화는 미소와 함께 시작됩니다.

Peace begins with a smile.

639
status

지위 신분, 단계, 현황

사회적 지위를 보고 사람을 판단해서는 안 돼.
We shouldn't judge others by **social status**.

→ 여러 단계나 등급으로 구분할 수 있는 경우, 어떤 대상이 속하는 단계나 등급을 말한다. 즉, 대상의 지위나 신분 또는 현재 단계나 상황 등을 나타낸다.

640
crime

범죄

몇몇 정치인들은 **범죄**를 저지르지요.
Some politicians commit **crimes**.

criminal   범죄의

641
decline

거절하다 거부하다, 감소하다

난 이미 직업이 있었기에 그녀의 제안을 **거절해야만** 했어요.
I had to **decline** her offer because I'd already got a job.

→ 기본적으로 기울기나 추세가 부정적으로 꺾이는 뉘앙스이다. 여기에서부터 '거절' 또는 '감소'의 의미가 파생되었다.

642
launch

개시하다 시작하다, 출시하다

그 회사는 5월에 최신형 전화기 모델을 **출시할 겁니다**.
The company **will launch** its latest phone model in May.

643

warn

경고하다　주의를 주다

어린이 보호 구역에서 경찰은 운전자들에게 속도를 줄이고 더욱 주의를 기울일 것을 **경고했습니다**.

At the school zone, the police **warned** the drivers to slow down and pay more attention.

644

consumer

소비자

이 제품은 **상당히 많은 소비자 리뷰**를 받았어요.

This product has received **a lot of consumer reviews**.

consume　소비하다

645

favor

호의　친절, 부탁

내 **부탁**을 들어 줄 수 있겠니?

Can you do me **a favor**?

→ 호의를 베푼다는 건, 자발적으로 혹은 부탁했을 때 들어 준다는 것을 의미한다.

646

institution

기관　단체, 협회

하버드 대학교는 **명성 높은 교육 기관**이죠.

Harvard University is **a prestigious educational institution**.

institutional　기관의

647
spot

점 위치, 장소; 발견하다

하와이는 여름 휴가에 **완벽한 장소**입니다.

Hawaii is **the perfect spot** for a summer vacation.

→ '피부에 나는 점' 외에도 주목을 받는 '장소'라는 의미가 있다. 무대의 특정 위치나 인물에 주목시키기 위해 비추는 동그란 모양의 조명이 '스포트라이트(spotlight)' 이다. 또한 주목을 받게 되면 사람들이 발견하게 되므로 '발견하다, 눈치채다'의 의미도 가지게 되었다.

648
eventually

결국 끝내

계속 생각 없이 돈을 써 버리면 너 **결국** 파산하게 될 거다.

If you keep spending recklessly, you will **eventually** run out of money.

649
heat

열 뜨겁게 하다

이 지역의 **여름 열기**는 견딜 수가 없을 지경입니다.

The summer heat in this area is unbearable.

650
excite

흥분하게 하다 들뜨다

월드컵 결승전은 축구장 안의 관중 모두를 **흥분시켰어요.**

The World Cup final match **excited** all the audience inside the stadium.

excitement   홍분

651
distance

거리 멀리 떨어진 거리 ☐ ☐ ☐

그는 **멀리서** 그녀를 볼 수 있었어요.
He could see her **from a distance**.

→ 기본적으로 '먼 거리'의 뉘앙스를 가지고 있지만, 멀거나 가까움과 상관없이 일반적인 '거리'를 말하기도 한다.

distant　　　　　먼

652
guide

안내하다 인도하다; 안내, 가이드 ☐ ☐ ☐

그가 박물관의 처음부터 끝까지 우리를 **안내해 주었어요**.
He **guided** us through the museum.

guideline　　　　지침, 가이드라인

653
grant

승인하다 허락하다, 수여하다 ☐ ☐ ☐

대학은 그에게 전액 장학금을 **수여했습니다**.
The university **granted** him a full scholarship.

→ 대학이 전액 장학금을 수여했다는 것은 결국 장학금 지급 요청이라는 공식 요청에 승인을 하여 이루어지기에 grant로 표현했다.

654
feed

먹이를 주다 ☐ ☐ ☐

feed-fed-fed

매일 아침 강아지 **밥 주는 것** 잊지 마세요.
Don't forget **to feed** my puppy every morning.

655
pain

고통 통증

우리 할머니는 무릎 **관절통**으로 고생하고 계셔.

My grandmother is suffering from **joint pain** in her knees.

656
mistake

실수

그 **실수**에 대한 제 사과를 받아주세요.

Please, accept my apologies for **the mistake**.

657
ensure

보장하다 반드시 하게 하다

동의서에 서명하기 전에 약관을 반드시 모두 읽어 주세요.
(= 동의서에 서명하기 전에 약관을 모두 읽었음을 **보장해 주세요.**)

Please, ensure that you have read all the terms and conditions before signing the consent form.

→ 어떤 일이나 내용이 사실이 되도록 보장하거나 반드시 그렇게 되게 하라는 의미이다.

658
satisfy

만족시키다 충족시키다

난 그 결과에 **만족하지 않아**.

I'm not satisfied with the result.

satisfaction   만족

659
chief

최고의 주된

□ □ □

스티브 잡스는 애플사의 **최고경영자**(CEO)였습니다.

Steve Jobs was the **Chief Executive Officer (CEO)** of Apple.

→ 계급상의 가장 높은 위치를 가리키는 단어이다. '가장 중요하고 핵심이 되는 주요한'의 느낌도 담고 있다.

660
expert

전문가 숙련자

□ □ □

제인 구달은 침팬지 **전문가**예요.

Jane Goodall is **an expert** on chimpanzees.

661
wave

흔들다 출렁이다, 펄럭이다; 파도, 파장, 물결

국기가 바람에 **펄럭이고 있었어요**.
The national flag **was waving** in the wind.

→ 파도나 전파와 같이 파형을 그리며 반복적으로 흔들고 흔들리는 행동을 묘사한다. 손을 흔드는 것도 wave이다.

662
labor

노동 힘든 일

건설 현장은 **많은 육체 노동**을 필요로 하지요.
Construction sites require **a lot of manual labor**.

663
surface

표면 표층

호수의 **표면**은 거울처럼 매끄러웠습니다.
The surface of the lake was as smooth as a mirror.

664
excellent

탁월한 훌륭한

그녀는 피아노를 잘 쳐요. 게다가, **탁월한 가수**이기도 하지요.
She plays the piano well. Besides, she's **an excellent singer**.

665
edge

가장자리 모서리, 끝, 날

새로 나온 아이폰은 **부드러운 모서리**를 가지고 있어요.
The new iPhone has **rounded edges**.

666

audience

청중 관중

월드컵 결승전은 축구장 안의 **관중 모두**를 흥분시켰습니다.
The World Cup final match excited **all the audience** inside the stadium.

667

lift

들어 올리다

이 박스는 혼자 **들기엔** 너무 무거워요.
This box is too heavy **to lift** alone.

→ 영연방 국가에서는 엘리베이터(elevator)를 lift라고 한다. 들어올리는 기계이기 때문이다.

668

procedure

절차 수순, 단계

수술 전에 의사는 환자에게 수술의 **전반적인 절차**를 설명했어요.
Before the surgery, the doctor explained **the entire procedure** to the patient.

→ 순차적인 순서나 단계(phase)를 밟아 가며 진행하는 과정을 의미한다.

proceed · · · · · · · · · (다음 단계를) 진행하다

669

email

이메일 전자 우편; 이메일을 보내다

세부 사항을 **이메일로** 보내 드리겠습니다.
I'll send you the details **via email**.

→ electronic(전자의)의 첫 글자 e를 mail(우편)에 붙여서 만든 단어이다. 초기에는 E-mail, e-mail 등으로 표기했으나, 요즘은 email이 가장 대중적인 듯하다.

mail · · · · · · · · · 우편

670
struggle

힘겹게 노력하다

애쓰다, 버둥거리다, 투쟁하다

노년 세대는 때때로 신기술을 받아들이는 데 **어려움을 겪습니다**.
The older generation sometimes **struggles** with new technology.

→ 어려움 앞에서 힘겹게 발버둥 치고 애쓰는 행동을 말한다.

671
advertise

광고하다

대부분의 기업이 소셜 미디어에 **광고를 합니다**.
Most companies **advertise** on social media.

advertisement (= ad)   광고

672
select

선택하다   선발하다

불행히도 우리는 그 일에 최악의 후보를 **선택했습니다**.
Unfortunately, we **selected** the worst candidate for the job.

selection   선택

673
surround

둘러싸다   에워싸다

경찰은 시위 현장을 **둘러쌌습니다**.
The police **surrounded** the protest site.

674
extent

정도　크기, 규모

이 진술에 **어느 정도까지** 동의하시나요?

To what extent do you agree with this statement?

→ 크기나 범위의 정도를 의미한다.

675
annual

연간의　매년의, 연례의

나는 헬스장의 **연간 회원권 요금**을 납부했어요.

I paid **the annual membership fee** for the gym.

676
contrast

대조　차이, 대비

낮과 밤의 **차이**는 분명합니다.

The contrast between day and night is obvious.

677
roll

구르다　둥글게 말다, 굴리다

바위 하나가 언덕을 데굴데굴 **굴러 내려갔어요**.

A rock **rolled down** the hill.

678
photograph 사진

사진에 그녀의 미소가 포착됐어요.

Her smile was captured in **the photograph**.

= photo　　　사진

679
conflict

갈등 충돌

전쟁은 **갈등**의 대표적인 예입니다.

War is the classic example of **conflict**.

→ 전쟁과 같은 무력 충돌이나 인종·문화·가치관의 충돌, 개인의 심리적 갈등 등을
말한다.

680
entire

전체의

그는 이메일에 답장하느라 **하루 전체**를 썼어요.

He spent **the entire day** replying to emails.

entirely   전적으로, 완전히

681
presence

현존 존재함, 있음, 참석

너의 존재가 언제나 나를 위로해 줘.

Your presence always comforts me.

682
crowd

군중 사람들, 무리

그 가수의 콘서트는 **엄청난 군중**을 끌어들였어요.

The singer's concert attracted **a huge crowd**.

683
shift

전환하다 바꾸다

후진하려면 차를 후진 기어로 **전환해야** 합니다.

To back up, you need **to shift** the car into reverse gear.

→ 방향이나 흐름, 순서 등의 물리적·기계적인 전환을 의미한다. '교대 근무'를 뜻하기도 한다.

684
secretary

비서 총무, 서기

그녀의 비서가 내일 회의 일정을 잡았습니다.

Her secretary scheduled the meeting for tomorrow.

→ 비서는 원래 중요한 문서나 비밀스러운 정보를 관리하고 다루는 역할을 하는 사람을 의미했다. 그래서 비밀(secret)이라는 단어가 포함되어 있다.

685
defense

방어 수비

전반전 동안 **우리 팀의 수비**는 난공불락이었다고.

During the first half, **our team's defense** was unbreakable.

defend   방어하다

686
spread

spread-spread-spread

넓게 펼치다 퍼지다

토스트에 버터를 **펴 바르세요**.

Spread the butter on the toast.

687

nuclear

원자력의　핵의

세계 최초의 **핵무기**는 로스앨러모스에서 만들어졌습니다.
The world's first nuclear weapon was created in Los Alamos.

688

scale

규모　스케일, 범위, 등급

나는 새로 생긴 쇼핑몰의 **규모**에 놀랐어. 정말 어마어마하게 크다니까!
I am surprised by **the scale** of the new shopping mall. It's massive!

689

cry

울다　소리치다, 외치다

아기는 왜 태어날 때 **울까**?
Why do babies **cry** at birth?

→ 아기는 도움을 필요로 할 때 운다. 그래서 cry는 우는 행동 외에 우는 듯한 외침이나 절규, 도움 요청의 행위를 의미하기도 한다.

690

confirm

확인하다　확정하다, 분명히 하다

확인을 위해 비밀번호를 다시 입력해 주세요.
To confirm your password, enter it again.

→ 어떤 내용이 사실임을 다시 한번 확실히 확인하고 분명히 하는 행위를 말한다.

MP3 037

691
senior

고위의 고급의

고위급 간부들이 내일 회의에 참석할 것입니다.
The senior officers will attend the meeting tomorrow.

→ 나이, 계급, 단계 등이 높은 상태를 말한다.

692
refuse

거절하다

나는 나만의 원칙에 따라 그 제안을 **거절했어요.**
I **refused** the offer based on my personal principles.

693
transport

운송하다 수송하다, 실어 나르다

응급 상황에서는 환자를 신속하게 **수송하는 것**이 매우 중요합니다.
It's crucial **to transport** patients quickly in an emergency situation.

transportation   운송

694

emerge

부상하다 떠오르다, 나타나다, 모습을 드러내다 ☐ ☐ ☐

많은 예술가가 르네상스 시기에 **등장했어요**.

Many artists **emerged** during the Renaissance period.

695

map

지도 약도 ☐ ☐ ☐

네가 길을 잃지 않도록 **약도**를 그려 줄게.

I'll draw **a map** for you, so you won't get lost.

696

reform

개혁 개선; 개혁하다, 개선하다 ☐ ☐ ☐

정부는 새로운 세제 개혁 계획을 발표했습니다.

The government announced **a new tax reform plan**.

→ 오래된 가구를 '리폼'한다고 할 때의 '리폼'이 바로 reform에서 나온 표현이다.

697

survive

생존하다 살아남다, 이겨 내다 ☐ ☐ ☐

걱정 마. 우리는 함께 이 폭풍을 **이겨 낼 수 있어**.

Don't worry. We **can survive** this storm together.

→ 중간에 죽거나 쓰러지지 않고 끝까지 살아남아 고난을 이겨 내는 것을 뜻한다.

survival   생존

698
flight　　　비행　항공편　☐ ☐ ☐

악천후로 **항공편**이 지연됐어요.
The flight was delayed due to bad weather.

699
neighbor　　　이웃　가까이 있는 사람　☐ ☐ ☐

난 **이웃들**이 말다툼하는 소리를 들었어요.
I heard **the neighbors** arguing.

→ 이웃하고 있는, 근처에 가까이 있는 사람을 의미한다.

neighborhood　　　이웃 지역, 근처

700
traffic　　　교통량　교통 흐름, 교통, 운행　☐ ☐ ☐

오늘 아침 도로는 한산합니다.
(= 오늘 아침에는 **교통**이 원활하게 흐르고 있습니다.)
Traffic is flowing smoothly this morning.

→ 도로 위에서 차량이 흐르는 것, 또는 그런 상황을 말한다.

701
tool　　　도구　연장　☐ ☐ ☐

그 볼트를 풀려면 **특별한 도구**가 필요할 거예요.
You'll need **a special tool** to loosen that bolt.

702
consequence　결과　☐ ☐ ☐

나는 결정을 내리기 전에 **일어날 법한 결과**를 고려합니다.
I consider **possible consequences** before making decisions.

→ 어떤 행동이나 결정으로 인해 뒤따라서 발생하는 일련(sequence)의 결과를 말하는 단어이다.

consequently　　　결과적으로

703
circumstance 상황 처지, 사정, 여건 □ □ □

상황이 내 미래를 정의할 순 없어요.
My circumstance should not define my future.

→ 물리적인 환경이나 상황보다는, 어떤 사건이나 결과가 일어나는 데 영향을 미칠 수 있는 주변의 상황이나 여건 등을 의미한다. 대개 한 개인의 처지나 사정을 말할 때 사용한다.

704
smoke 연기 담배를 피우다 □ □ □

나는 **모닥불 연기** 냄새가 좋다.
I like the smell of **campfire smoke**.

705
reaction 반응 반작용 □ □ □

네가 아니라고 말했을 때 **그의 반응**은 어땠니?
What was **his reaction** when you said no?

→ 어떤 행동(act)에 대한 응답, 반응, 반작용을 의미한다.

react 반응하다

706
rain 비가 내리다 비, 빗물 □ □ □

지금 **비가 오고 있지**만 어쨌든 난 나간다.
It's raining now, but I'm going out anyway.

707
busy 바쁜 분주한 □ □ □

도시의 거리는 출퇴근 시간에 항상 **분주하고 바쁩니다.**
The city streets **are** always **busy** during rush hour.

708

brain

두뇌 똑똑한 사람

인간의 **두뇌**는 믿을 수 없을 정도로 복잡합니다.

The human brain is incredibly complex.

709

mass

덩어리 많은 양/수, 질량

많은 (수의) **사람들**이 새 정책에 반대하는 행진을 하기 위해 모였습니다.

A mass of people gathered to march against the new policy.

→ 어떤 하나의 '덩어리' 또는 '집단'을 의미한다. 덩어리를 이룰 만큼 수나 양이 많다는 뉘앙스도 가지고 있다.

massive   거대한

710

contribute

기여하다 이바지하다, 참여하다

누구나 지역사회 봉사 활동에 **기여할 수 있습니다.**

Everyone **can contribute** to community service.

contribution   기여

711

bottom

바닥 아랫부분

이 페이지의 **아랫부분**에 이름을 쓰세요.

Write your name at **the bottom** of this page.

712

adopt

입양하다 받아들이다, 채택하다 □ □ □

그 부부는 유기견을 **입양했어요**.
The couple **adopted** an abandoned dog.

713

combine

결합하다 합치다 □ □ □

열정과 노력을 **합쳐라**. 그러면 엄청난 일이 일어날 것이다.
Combine passion and effort. Then, great things will happen.

combination 조합, 결합(체)

714

waste

버리다 허비하다, 낭비하다; 쓰레기 □ □ □

물을 **낭비하지** 마세요.
Don't waste water.

715

hide

hide-hid-hidden

숨다 감추다, 숨기다 □ □ □

태양이 먹구름 뒤로 **숨었어요**.
The sun **hid** behind a dark cloud.

716

meal

끼니 식사 □ □ □

이 여행 패키지에는 숙소와 **식사**가 포함되어 있습니다.
The tour package includes accommodation and **meals**.

→ meal은 한 끼 식사가 될 수 있는 주요리와 반찬, 음료 등을 온전히 갖춘 음식 세트를 의미한다.

717
colleague 동료 □ □ □

오늘 저는 지사 **동료**와 점심을 먹을게요.
I'll have lunch with **a colleague** from the branch today.

→ 같은(co-) 직장(work)의 '동료(coworker)'보다 더 넓은 개념의 동료로, 같은(co-) 리그(league)에 종사하는 사람들까지 통칭하는 말이다.

718
repeat 반복하다 되풀이하다 □ □ □

난 같은 실수를 **반복하고** 싶지 않아.
I don't want **to repeat** the same mistake.

719
equal 동일한 같은 □ □ □

케이크를 **똑같은** 네 조각으로 나눠라.
Divide the cake into **four equal pieces**.

equally 동일하게, 똑같이
equation 등식, 방정식

720
extremely 극도로 극히, 엄청나게, 상당히 □ □ □

이곳의 7월 날씨는 **엄청** 덥고 습합니다.
The weather here in July is **extremely** hot and humid.

extreme 극도의, 극심한

MP3 038

721
plane

비행기

비행기는 약 10분 후에 이륙하겠습니다.
The plane will be taking off in approximately ten minutes.

722
commercial

상업적인 이윤을 목적으로 하는

이 무료 사진은 **상업적인 용도**로 사용할 수 없습니다.
You can't use this free photo for **commercial purposes**.

723
duty

의무

간호사로서 **그녀의 첫 번째 의무**는 환자를 간호하는 것입니다.
As a nurse, **her primary duty** is to care for patients.

→ 법적으로 또는 도덕적으로 반드시 해야 하는 일을 말한다. 특히 의무적으로 내야 하는 '세금(관세)'을 뜻하기도 한다. 그래서 면세품을 duty-free라고 하는 것.

724
strength

강함 힘, 강도, 장점

정신력은 **체력**만큼 중요합니다.
Mental strength is as important as **physical strength**.

→ strong(강한)에서 변형된 단어로 '강함'을 의미한다. 한자로는 '역/력(力)'으로 표현할 수 있다.

strengthen   강하게 하다

725

arrange

정리하다 준비하다, 마련하다 ☐ ☐ ☐

난 내 책들을 알파벳 순서로 **정리했어요.**

I arranged my books in alphabetical order.

→ 어떤 일을 시작하기 전에 일이 잘 진행될 수 있도록 준비하고 정리하는 등의 행동을 말한다.

arrangement   준비

726

scheme

계획 방안 ☐ ☐ ☐

그 학생들은 지역 사회의 쓰레기를 줄일 수 있는 **방안**을 제안했습니다.

The students proposed a scheme to reduce waste in the community.

→ 참고로, scheme은 꾀를 쓰거나 꼼수를 부리려는 등의 부정적 뉘앙스를 갖는 계획·궁리를 의미할 때도 있다.

**THROW AWAY
LESS FOOD**

727

unfortunately

불행히도 안타깝게도 ☐ ☐ ☐

불행히도 우리는 그 일에 최악인 후보를 선택했어요.

Unfortunately, we selected the worst candidate for the job.

fortunately   다행히도

728
brief

간결한 간단한, 짧은 ☐ ☐ ☐

대통령의 간단한 성명 발표는 2분밖에 걸리지 않았습니다.

The president's brief statement lasted only two minutes.

briefly   간단히, 잠시

729
demonstrate

보여 주다 ☐ ☐ ☐

선생님은 이 물질이 어떻게 반응하는지를 **보여 주었어요.**

The teacher **demonstrated** how this substance reacts.

→ 발표나 행동, 시연 등으로 보여 주고 설명하는 행동을 말한다. demonstration(보여 주기, 시연, 시위)은 약어로 '데모(demo)'라고도 한다. 데모는 시위나 시연을 통해 자신의 의견이나 주장하는 바를 보여 주려는 행동이다.

demonstration   시연, 시위

730
appreciate

아주 고맙게 여기다

알아보다, 인식하다, 감상하다 ☐ ☐ ☐

저희 제품에 대한 피드백을 주셔서 **대단히 고맙습니다.**

We **appreciate** your feedback on our product.

→ 성의 있게 자세히 살펴보고 감정(감상)하여 그 가치나 소중함을 알아차린다는 뉘앙스가 있다. 여기서 확장되어 '소중하게 느낀다'는 의미에서 더 나아가 '매우 감사하게 여긴다'는 의미까지 담게 되었다.

731
secret

비밀 ☐ ☐ ☐

이건 **비밀**로 해. 아무한테도 말하지 마.

Keep this **a secret**. Don't tell anyone.

732

apparently

보아하니 듣자 하니 ☐ ☐ ☐

보아하니 스티브가 이 일의 최적임자네요.

Steve is **apparently** the best person for the job.

apparent   분명한, 명백한

733

novel

소설 새로운, 신기한 ☐ ☐ ☐

〈작은 아씨들〉은 **가장 유명한 명작 소설** 중 하나입니다.

Little Women is one of **the most famous classic novels**.

→ 소설은 실재하지 않는 이야기를 새롭게 지어낸 것이다. 그래서 novel에는 '새로운, 신기한'의 의미도 들어 있다.

734

union

통합 결합, 조합 ☐ ☐ ☐

결혼은 사랑하는 두 마음의 **행복한 결합**입니다.

Marriage is **a happy union** of two loving hearts.

→ 같은 목적을 가진 여럿이 결합하여 구성한 '조합, 협회'의 의미로도 사용한다.

735

burn

타다 불태우다; 화상 ☐ ☐ ☐

나중에 건널지도 모르는 다리는 **불태우지 말아라**.

Don't burn bridges you may need to cross later.

→ 대인관계를 마무리할 때 언제 어떻게 연결될지 모르므로, 다시 안 볼 사이처럼 극단적으로 끝내지 말라는 의미이다.

736
initial

초기의 처음의, 첫 부분의; 이름의 첫 글자 ☐ ☐ ☐

우리의 처음 계획이 약간 바뀌었어요.
Our initial plan has changed slightly.

→ 이름에서 첫 알파벳만 따로 떼어낸 것을 '이니셜(initial)'이라고 한다. initial은 이렇게 '첫 부분'이나 '첫 걸음', '첫 삽' 등의 단어에 들어 있는 '첫'과 같은 뉘앙스가 있다. 파생어 '이니셔티브(initiative)'는 '맨 처음의 계획이나 제안, 발의,' 어떤 일을 주도적으로 이끌 '주도권' 등의 의미이다.

initially   처음에
initiative   주도력, 계획

737
pleasure

기쁨 즐거움 ☐ ☐ ☐

독서는 나에게 **큰 즐거움**을 선사하죠.
Reading gives me **great pleasure**.

pleasant   기분 좋은

738
critical

비판적인 중대한 ☐ ☐ ☐

비판적 사고 능력은 주요 평가 기준 중 하나입니다.
Critical thinking is one of the main criteria.

→ 비판이란 무조건 부정적이고 나쁘게 평을 하는 것이 아니라, 신중하게 면밀히 검토하고 판단하는 행위를 말한다. 바로 여기에서 '중요한', '중대한'의 뉘앙스가 파생되었다. 중대한 일일수록 면밀하고 신중한 판단이 필요하기 때문이다. 또한, 건강이나 생명 유지에 중요하다는 의미로도 사용할 수 있다.

critic   비평가
criticism   비판
criticize   비판하다

739
gather

모으다 수집하다, 모이다 ☐ ☐ ☐

사람들이 콘서트를 보기 위해 공원으로 **모이기** 시작했어요.
People began **to gather** in the park for the concert.

740
pop

펑 하고 터지다 불쑥 튀어나오다

샴페인 코르크가 펑 하고 큰 소리를 내며 튀어나갔어요.
The champagne cork **popped** loudly.

→ 참고로, '케이팝(K-pop)' 또는 '팝송(pop songs)'의 pop은 popular(대중적인)의 약자이다.

741
essential

필수적인 본질적인

국제적 협력은 글로벌 프로젝트를 성공적으로 완수하는 데 **필수적입니다.**
International cooperation **is essential** to accomplish global projects successfully.

742
desire

욕구 갈망, 바람

전 큰돈을 벌고 싶은 **욕망**이 없어요.
I have no **desire** to make a lot of money.

743
promote

촉진하다 홍보하다, 승진시키다

톰은 매니저로 **승진했어요.**
Tom **was promoted** to manager.

→ 더 나은 상태가 되도록 올리고 장려하고 촉진하는 행위를 의미한다. 이때 더 나은 상태란 더 잘 알려지거나 더 높아진 상태 등을 말한다. 즉, 더 잘 알려지도록 홍보를 하거나 더 높은 직책으로 승진시키는 것.

promotion   홍보, 승진

744
path

길 소로, 오솔길, 방향 ☐ ☐ ☐

이 **소로**는 곧장 해변으로 이어집니다.
This path leads directly to the beach.

745
beach

해변 바닷가 ☐ ☐ ☐

우리는 **해변**을 따라 걸으면서 조개껍데기를 모았어요.
We collected seashells walking along **the beach**.

746
attract

마음을 끌다 끌어들이다 ☐ ☐ ☐

그 직장에서 가장 마음에 들었던 건 탄력 근무제였어요.
(= 그 직장으로 나를 가장 많이 **끌어들였던 것**은 탄력 근무 시간제였다.)
What **attracted** me the most to the job was the flexible working hours system.

→ 마음이나 관심이 생기게 하여 끌어들인다는 의미.

attraction   끌림, 매력
attractive   마음을 끄는, 매력적인

747
engage

연결하다 관계를 맺다, 관여하다, 참여하다 ☐ ☐ ☐

안젤리나 졸리는 인도주의 활동에 적극적으로 **참여합니다**.
Angelina Jolie actively **engages** in humanitarian work.

→ 어떤 대상과 밀접하게 연결되어 관계가 형성되는 뉘앙스이다. 긴밀하게 연결되어 그 대상과 관련된 일에 관여하고, 참여하고, 직접 하는 활동까지 의미한다.

748
crisis

위기 ☐ ☐ ☐

그 나라는 1997년에 **경제 위기**를 맞닥뜨렸어요.
The country faced **an economic crisis** in 1997.

749

settle

앉히다 정착하다, 해결하다

□ □ □

그들은 캐나다에 **정착하기로** 했어요.

They decided **to settle** in Canada.

→ 이리저리 떠다니지 않도록 가라앉히거나 스스로 내려앉는 느낌이다. 어느 지역에 눌러앉는 것이 정착하는 것이며, 논쟁을 가라앉히는 것이 합의하는 것이다. 문제를 내려앉히는 건 해결하는 것이다.

settlement   해결

750

aid

도움 원조, 지원

□ □ □

그녀는 난민들에게 **도움**을 제공하는 비영리 기관에서 일합니다.

She works for a non-profit agency that provides **aid** to refugees.

CHAPTER 5

최고 빈도
751-875

751
fan

팬 선풍기, 부채

난 클래식 음악의 **열성 팬**이에요.
I'm **a huge fan** of classical music.

→ 바람을 일으키는 '날개'를 일컫는 단어이다. 팬은 스타에게 바람을 불어넣어 주는
날개라서 그 의미로도 확장되었다.

752
twice

두 배로 두 번, 2회, 갑절로

네 차가 내 차보다 **두 배** 비싸지.
Your car is **twice** as expensive as mine.

753
delay

지연 미뤄짐; 미루다, 연기하다

악천후로 **항공편이 지연**됐어요.(= 악천후가 **항공편 지연**을 야기했다.)
Bad weather caused **flight delays**.

754
insurance

보험

그 회사는 **건강보험**과 유급 휴가와 같은 복지 혜택을 제공합니다.
The company offers benefits like **health insurance** and paid leave.

insure　　　　보험에 들다

755
nurse

간호사

간호사로서 그녀의 첫 번째 의무는 환자를 간호하는 것입니다.
As **a nurse**, her primary duty is to care for patients.

756
divide

나누다 가르다 ☐ ☐ ☐

케이크를 똑같은 네 조각으로 **나눠라**.
Divide the cake into four equal pieces.

division 분할, 나누기

757
length

길이 ☐ ☐ ☐

테이블의 **길이**를 재 줄 수 있어요?
Can you measure **the length** of the table?

758
investigation

수사 조사 ☐ ☐ ☐

경찰은 그 기이한 실종 사건에 대한 **수사**에 착수했습니다.
The police launched **an investigation** into the
mysterious disappearance.

investigate 수사하다, 조사하다

759
expand

확장하다 ☐ ☐ ☐

문자가 인류 지식의 경계를 **확장시켰죠**.
Writing **has expanded** the boundaries of human
knowledge.

expansion 확장

760
commit

저지르다 실천하다, 약속하다　▢ ▢ ▢

몇몇 정치인들은 범죄를 **저지릅니다**.
Some politicians **commit** crimes.

→ '하기 어려운 일을 실천하기로 결심하는' 것이다. 그 어려운 일이 범죄라면 '범죄를 실천하다', 즉 '저지르다'라는 의미가 되며, 어떤 목표라면 그 목표를 이루기 위해 '실천하다' 또는 그러기로 엄숙히 다짐하는 '약속하다'라는 의미가 된다. 관련어 committee는 어떤 목표를 실천하고 달성하기 위해 구성된 집단인 '위원회'를 의미한다.

commitment	약속, 맹세
committee	위원회

761
weapon

무기　▢ ▢ ▢

세계 최초의 핵무기는 로스앨러모스에서 만들어졌습니다.
The world's first nuclear weapon was created in Los Alamos.

→ 칼, 총, 폭탄, 탱크, 전함 등 전투나 싸움에 사용하는 도구와 장비를 말한다.

762
relatively

비교적 상대적으로　▢ ▢ ▢

전자책은 종이책에 비해 **비교적** 저렴해요.
Ebooks are **relatively** cheap compared to printed books.

763
host

주최하다 개최하다, 주관하다; 주최국, 주인　▢ ▢ ▢

그 도시는 내년에 올림픽을 **개최할 것이다**.
The city **will host** the Olympics next year.

764
district

구역 지구, 지역　▢ ▢ ▢

그 **상업 지구**는 주중에 늘 분주합니다.
The business district is always busy during weekdays.

765
broad

넓은

□ □ □

이 강은 **너무 넓어서** 건너편이 보이지 않아요.

The river **is so broad** that I can't see the other side.

766
tired

피곤한   지친, 싫증난

□ □ □

마라톤을 뛰고 나서, 몸 전체가 쑤시고 **피곤했어요**.

After running a marathon, my whole body **was** sore and **tired**.

tire

피곤하게 하다

767
spirit

정신   기, 기운, 분위기

□ □ □

수많은 실패에도 그녀는 주눅 들지 않았어요.
(= 수많은 실패에도 불구하고, **그녀의 정신**은 부서지지 않은 채로 남았다.)

Despite many failures, **her spirit** remained unbroken.

→ 주로 '기(氣)'와 관련된 '정신, 마음가짐, 태도, 분위기' 등을 의미한다.

768
pool

웅덩이   수영장

□ □ □

이 스포츠 시설에는 **수영장**과 헬스장 둘 다 있습니다.

The sports facility has both **a swimming pool** and a gym.

→ pool은 물 등이 차 있는 '웅덩이'를 말하지만 일반적으로 '수영장'을 뜻하기도 한다. 공식적으로 정확히 '수영장'을 표현하려면 '수영(swimming)'을 앞에 붙여 swimming pool이라고 하면 된다.

769

battle

전투 싸움 ☐ ☐ ☐

그 부대는 **격렬한 전투** 끝에 얻은 승리를 자축했습니다.

The army celebrated their victory after **a fierce battle**.

770

hardly

거의 ~ 아닌 ☐ ☐ ☐

난 패스트푸드를 **거의 안** 먹어요.

I **hardly** eat fast food.

→ hardly는 hard(딱딱한)에서 유래한 단어처럼 생겼지만, 의미상 이 둘은 큰 관련이 없다. hardly는 '거의 ~ 아닌'의 의미로 단어 자체에 부정의 뉘앙스가 들어 있기 때문에, not이나 no가 없어도 문장을 부정문으로 만들어 준다.

771

award

상 상패, 상금 ☐ ☐ ☐

그 영화는 **아카데미 네 개 부문**을 수상했습니다.

The movie won **four Academy Awards**.

772

experiment

실험 ☐ ☐ ☐

그 연구실은 원자 에너지에 관한 **실험**을 합니다.

The laboratory conducts **experiments** on atomic energy.

experimental 실험적인

773

strange

이상한 낯선 ☐ ☐ ☐

부엌에서 **이상한 냄새**가 나요.

There's **a strange smell** coming from the kitchen.

stranger 낯선 사람

774
threat

협박 위협

□ □ □

테러리즘은 세계 안보에 대한 **위협**입니다.

Terrorism is **a threat** to global security.

threaten   협박하다

775
accident

사고 우연

□ □ □

도로에 **차 사고**가 있어서 늦었습니다.

I am late because there was **a car accident** on the road.

→ 사고는 우연히 일어난다. 그래서 accident에는 '우연', '우연히 일어난 일'이라는 의미도 들어 있다.

776
revenue

수익   매출, 수입, 세입   ☐ ☐ ☐

이 카페의 매출은 주로 커피 판매에서 나와요.

This cafe's revenue comes mostly from coffee sales.

→ 정부나 기업에 들어온 돈을 말한다. 즉, 정부가 거둬들인 '세입', 기업이 벌어들인 '매출' 등의 수익이다.

777
afraid

두려운   무서워하는   ☐ ☐ ☐

거미를 **무서워하나요**? 일반적으로 거미는 사람에게 해를 끼치지 않습니다.

Are you **afraid** of spiders? They don't usually harm humans.

778
religious

종교적인   ☐ ☐ ☐

많은 종교 지도자들이 세계 평화를 위해 기도하려고 모였습니다.

Many religious leaders gathered to pray for world peace.

religion   종교

779
cancer

암   ☐ ☐ ☐

아버지는 **췌장암**으로 돌아가셨어요.

My father died of **pancreatic cancer**.

780
convince

납득시키다　설득시키다　□□□

다른 사람들을 **설득하기 위해선** 구체적인 증거가 필요합니다.
You need concrete evidence **to convince**
others.

781
blow

불다　□□□

blow-blew-blown

그 소녀는 생일 케이크에 꽂힌 촛불을 **불어서 껐어요.**
The girl **blew out** the candles on her birthday
cake.

→ 바람이 부는 것, 입으로 후 하고 부는 것 등 공기를 움직이게 하는 행동을 말한다.

782
location

위치　장소　□□□

너의 **현재 위치를** 나에게 보내줄 수 있니?
Can you send me **your current location**?

locate

위치를 가리키다, 위치에 두다

783
wash

씻다　세탁하다　□□□

감염의 위험을 줄이려면 손을 자주 **씻으세요.**
Wash your hands frequently to reduce the risk
of infection.

784
glad

반가운 기쁜 ☐☐☐

그녀는 그 소식을 듣고 너무나 **기뻤어요**.
She **was** so **glad** to hear the news.

785
opposite

맞은편의 건너편의, 서로 다른, 반대의 ☐☐☐

흥미롭게도, 그 쌍둥이들은 **정반대의 성격**을 가지고 있습니다.
Interestingly, the twins have **opposite personalities**.

→ 맞은편에 있다는 건 같은 편이 아니라는 의미로 해석할 수도 있다. 그래서 서로 견해 등이 다르거나 정반대임을 의미하기도 한다.

oppose   반대하다
opposition   반대

786
stone

돌 돌멩이 ☐☐☐

그는 개울에다 **돌멩이**를 던졌어요.
He threw **a stone** into the stream.

787
sum

합계 총합, 총계 ☐☐☐

이 세로 열에 있는 모든 숫자의 **합계**를 계산하시오.
Calculate **the sum** of all the numbers in this column.

788
murder

살인 살인 사건 ☐☐☐

그녀는 **그 살인 사건**의 유일한 목격자였어요.
She was the only witness to **the murder**.

789

soldier

군인 병사 □ □ □

그 군인은 출입구를 지키며 초소에 서 있었어요.

The soldier stood at his post, guarding the entrance.

790

hate

매우 싫어하다 □ □ □

난 약속에 늦는 걸 **정말 싫어해**.

I **hate** being late to appointments.

791

egg

계란 알 □ □ □

계란과 닭고기를 얻기 위해 매년 약 6백억 마리의 닭이 사육됩니다.

About 60 billion chickens are bred for **eggs** and meat each year.

792

comfortable

편안한 □ □ □

등산을 갈 때는 **편안한 신발**을 신으세요.

Wear **comfortable shoes** for hiking.

comfort 편안함, 위로

793

recall

상기하다 기억을 떠올리다 □ □ □

우리가 처음 만났던 때를 **떠올릴 수 있겠니**?

Do you **recall** the first time we met?

→ 기억이나 어떤 대상 등을 '다시(re-) 불러내는(call)' 행위이다. 제조사가 이미 판매된 차량의 결함 등을 고치기 위해 차량을 정비소나 공장으로 다시 부르는 것도 '리콜(recall)'이라고 한다.

794
swim
수영하다　헤엄치다 ☐ ☐ ☐

swim-swam-swum

너 바다에서 **수영할 수 있어?**
Are you **able to swim** in the sea?

795
manufacture
생산하다　제조하다 ☐ ☐ ☐

그 공장은 매일 천 대 이상의 차량을 **생산합니다.**
The factory **manufactures** over a thousand cars each day.

→ 공장 등에서 기계를 사용하여 대량 생산한다는 의미이다.

manufacturer 　제조사

796
theater
극장 ☐ ☐ ☐

잭은 **극장**에서 영화 보는 것을 아주 좋아해요.
Jack loves watching movies at **the theater.**

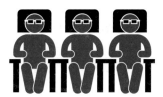

797
construction
건설　공사 ☐ ☐ ☐

나는 **공사장**에서 나는 소음에 대해 항의했어요.
I complained about the noise from **the construction site.**

construct 　건설하다

798
dear

소중한 친애하는, 사랑하는

넌 나의 소중한 친구야.

You are **my dear friend**.

→ 편지의 시작 문구로, 받는 사람 이름 앞에 dear를 붙여 '친애하는 ～ 님에게'라는 서두 인사를 만들기도 한다.

799
moreover

더욱이 게다가

그녀는 피아노를 잘 쳐요. **더욱이** 그녀는 탁월한 가수이기도 합니다.

She plays the piano well. **Moreover**, she's an excellent singer.

800
branch

가지 분점, 지사

새 한 마리가 **나뭇가지**에 앉아 있어요.

A bird is sitting on **a tree branch**.

→ 나무의 중심 몸통(trunk)에서 갈라져 나온 나온 줄기가 가지(branch)이다. 비유적으로 기업의 본사에서 갈라져 나온 '지점'이라는 의미로도 사용한다.

801
vehicle

탈것 차량

대중교통은 **개인 차량**을 대체할 훌륭한 대안입니다.
Public transportation is a great alternative to
private vehicles.

→ 주로 모든 종류의 '차량'을 의미하지만, 넓게는 탑승하여 어딘가로 이동할 수
있는 비행기나 선박, 자전거 등 모든 종류의 탈 수 있는 기계류까지 통칭하는
단어이다.

802
route

경로 길, 루트

공항으로 가는 **가장 짧은 경로**는 어디인가요?
What's **the shortest route** to the airport?

803
bind

bind-bound-bound

묶다 결속시키다

그는 빨대를 하나로 **묶기 위해** 고무줄을 이용했어요.
He used a rubber band **to bind** the straws
together.

→ 끈 등을 가지고 여러 개를 하나로 묶거나 정리하는 행동을 말한다.
'바인더(binder)'는 낱장 서류들을 하나로 묶는 사무용품이다.

804
belong

속하다 제자리에 있다

네 인생은 네 것이지.
(= 너의 인생은 너에게 **속한다**.)
Your life **belongs** to you.

→ 주로 'belong to ~'의 형태로 사용하며, '~에 속하다', '~의 소유이다'의
의미이다. 어떤 물건이나 재산의 소유자를 밝힐 때 사용할 수 있다.

805
tonight

오늘 밤에 오늘 밤 ☐☐☐

새로운 업데이트가 **오늘 밤에** 자동으로 설치될 것입니다.
The new update will be installed automatically **tonight**.

806
danger

위험 ☐☐☐

공사 현장 주변에서 **위험 표지판**을 많이 볼 수 있을 겁니다.
You can see many **danger signs** around the construction site.

dangerous 위험한

807
bomb

폭탄 폭격하다 ☐☐☐

그 **폭탄**은 눈이 멀 정도의 섬광을 일으키며 터졌습니다.
The bomb exploded with a blinding flash.

808
army

군대 육군 ☐☐☐

나는 대학을 졸업하고 나서 곧바로 **군에** 입대했어요.
I joined **the army** right after I graduated from university.

809
decrease

감소하다 줄다 ☐☐☐

우리는 이산화탄소 배출을 줄여야만 합니다.
We **must decrease** CO_2 emissions.

810
hurt

다치게 하다 상하게 하다, 아프다 ☐☐☐

hurt-hurt-hurt

네 기분을 **상하게 할** 의도는 아니었어.
I didn't mean **to hurt** your feelings.

811

council

의회

시의회는 지역 공원 신설을 승인했습니다.
The city council approved the construction of a new local park.

→ '의회(council)'란 의사 결정을 위해 결성된 기관(의결 기관)을 말한다. 주로 지방자치 단체인 '시의회(the city council)'를 말할 때 사용한다.

812

editor

편집자 편집장

편집장은 모든 기사를 검토했어요.
The editor reviewed all the articles.

→ 최종 편집을 마치고 최초로 출간된 도서를 '초판(the first edition)'이라고 한다. 시간이 흐른 뒤 새로운 편집 과정을 거쳐 수정본 도서가 출간되면 '2판(the second edition)'이 된다.

edit   편집하다
edition   (도서 등) 판

813

sight

시야 시력, 광경

오늘 아침부터 우리 고양이가 어디 갔는지 안 보이네.
(= 오늘 아침부터 우리 고양이가 **시야 밖에** 있다.)
My cat has been out of sight since this morning.

→ 눈에 보이는 모습 또는 눈으로 볼 수 있는 능력인 '시력'을 의미한다.

814
generate

발생시키다 만들어 내다 ☐ ☐ ☐

풍력 터빈이 전기를 **만들어 냅니다**.
Wind turbines **generate** electricity.

815
deny

부정하다 부인하다, 거부하다 ☐ ☐ ☐

그는 혐의를 **부정했어요**.
He **denied** the allegations.

→ 누군가의 의견이 사실이 아니라고 부인하거나 거부하는 등의 받아들이지 않는
행동을 말한다.

816
quote

인용하다 ☐ ☐ ☐

그 기사는 새로운 연구 결과를 **인용했어요**.
The article **quoted** new research findings.

→ 누군가의 말이나 글을 직접 인용하여 예로 들고 언급하는 것을 의미한다.

817
climb

오르다 (암벽 등을) 올라가다 ☐ ☐ ☐

염소는 가파른 절벽을 잘 **올라갑니다**.
(= 염소는 가파른 절벽을 **오르는 것**에 능숙하다.)
Goats are good at **climbing** steep cliffs.

818
violence

폭력 폭행, 맹렬함 ☐ ☐ ☐

난 어떠한 형태의 **폭력**도 찬성하지 않아요.
I don't approve of any forms of **violence**.

violent   폭력적인

819
minister

장관 목사 ☐ ☐ ☐

대통령은 다음 주에 **새로운 장관**을 임명할 예정입니다.

The president is going to appoint **a new minister** next week.

→ 어느 집단이나 기관에서의 직책을 말하는 단어이다. 기관마다 다르게 사용할 수 있으나 대개 정부 부처의 장관을 의미하며, 교회의 목사 직책을 말하기도 한다.

820
noise

소음 잡음, 소리 ☐ ☐ ☐

나는 공사장에서 나는 **소음**에 대해 항의했어요.

I complained about **the noise** from the construction site.

→ 일반적으로 듣고 싶지 않은, 원치 않는 소리를 말한다. 또한 정체불명의 어떤 소리를 의미할 수도 있다.

821
gun

총 ☐ ☐ ☐

미국에서는 **총**을 구입할 수 있어요.

You can buy **a gun** in the US.

822
square

정사각형 ☐ ☐ ☐

내 사무실은 거의 **완벽한 정사각형**이에요.

My office is almost **a perfect square**.

823
occasion

때 일, 건, 경우, 행사 ☐ ☐ ☐

난 이 드레스를 **격식을 차려야 하는 경우**에만 입어요.

I wear this dress only on **formal occasions**.

→ 일상적이지 않고 특별한 때나, 특별하게 일어난 일, 사건, 행사 등을 말한다. 이러한 특별한 일들은 자주 일어나지 않기 때문에 occasionally는 '가끔, 때때로'의 빈도를 나타낸다.

occasionally   때때로

824

familiar

낯익은 익숙한, 친숙한, 잘 아는

그녀의 목소리는 **익숙했어요**. 하지만 어디에서 들어 봤는지 생각이 안
났어요.

Her voice **was familiar**, but I couldn't place it.

*place 누구[무엇]인지 생각해 내다('그녀의 목소리를 적절한 기억에 위치시키는'
행동을 말함.)

825

ignore

무시하다 못 본 척하다

민족적 차이가 **무시되어서는 안 됩니다.**

Ethnic differences **shouldn't be ignored.**

→ 있지만 없는 듯이 못 본 척하는 무시이며, 사람을 자기보다 아래로 보아 깔보는
의미의 '무시하다'는 아니다. 그때의 '무시하다'는 look down on이라고 한다.

MP3 042

826
destroy
파괴하다 ☐ ☐ ☐

허리케인이 많은 사람들의 보금자리를 **파괴했습니다**.
The hurricane **destroyed** many homes.

destruction   파괴

827
affair
일 문제, 사건 ☐ ☐ ☐

우리는 **세계 문제**에 관심을 기울여야 합니다.
We should pay attention to **world affairs**.

→ 공식적으로 대두되는 사건이나 문제, 일을 말한다. 때로는 연애 관련 이슈나 불륜 관련 사건을 의미하기도 한다.

828
civil
시민의 민간의, 문명화된 ☐ ☐ ☐

모든 사람은 자유롭게 말할 권리와 같은 **시민의 권리**가 있습니다.
Everyone has **civil rights**, like the right to speak freely.

→ 구성원의 자발적 참여와 상호 존중을 기반으로 하는 성숙한 문명(시민)을 묘사하는 뉘앙스가 있다.

civilian   민간인, 시민

829
citizen
시민 ☐ ☐ ☐

모든 시민은 투표할 권리가 있습니다.
Every citizen has the right to vote.

830

temperature 온도 기온, 체온 □ □ □

7월의 **평균 기온**은 섭씨 30도 정도입니다.

The average temperature in July is around 30°C.

831

domestic 국내의 가정의 □ □ □

국내선은 왼쪽입니다.

Domestic flights are on the left.

→ 한 국가나 가정의 내부 영역이나 공간을 묘사하는 단어이다.

832

load 싣다 적재하다, 로딩하다; 짐, 화물 □ □ □

웹사이트가 제대로 **로딩되지** 않았어요.
(= 웹사이트가 제대로 **로딩하는 것**에 실패했어요.)

The website failed **to load** properly.

→ 원래 짐이나 화물을 트럭 등에 싣는 행위를 말하나 요즘은 프로그램이나 웹사이트에 필요한 데이터를 싣는 행위, 즉 '데이터를 불러오거나 로딩한다'는 의미로도 많이 사용한다.

833

troop 병력 부대, 집단 □ □ □

그 **병력**은 평화 유지 임무를 수행하기 위해 해외로 파병됐습니다.

The troops were sent overseas for a peacekeeping mission.

→ 주로 군대와 같은 집단의 병력, 또는 한 무리의 팀이나 대원들을 의미한다.

834

remind

떠올리다 상기시키다 ☐ ☐ ☐

난 이 노래를 들으면 우리의 여름 여행이 **떠올라요**.
(= 이 노래는 나에게 우리의 여름 여행을 **상기시킨다**.)

This song **reminds** me of our summer trip.

→ 망각했을 수도 있는 일을 '다시(re−) 마음(mind)에 떠오르도록 하는' 행동을
말한다. 약속일 하루 이틀 전에 약속 일자 등을 다시 알려 주는 것은
'리마인더(reminder)'라고 한다.

835

prison

교도소 감옥 ☐ ☐ ☐

그는 5년형을 마치고 출소했어요.
(= 그는 5년 복역 후 **교도소**에서 풀려났다.)

He was released from **prison** after serving five
years.

prisoner 재소자

836

switch

전환하다 바꾸다; 전환, 스위치 ☐ ☐ ☐

저와 자리를 **바꾸시겠습니까**?

Would you like to switch seats with me?

→ '스위치(switch)'를 누르면 상태가 바뀌거나 전환된다. 그래서 '전환하다', '바꾸다'
라는 행동을 말할 때에도 사용한다.

837

acquire

습득하다 얻다, 취득하다 ☐ ☐ ☐

아이들은 모국어를 빠르게 그리고 손쉽게 **습득합니다**.

Children **acquire** their mother tongue quickly
and easily.

→ 주로 지식이나 기술을 체득한다는 뉘앙스로 사용한다. 또는 항체나 바이러스
등이 체내에 들어온다는 의미로도 쓰인다.

acquisition 습득

838
corporate

기업의 회사의

☐ ☐ ☐

모든 직원은 **기업 복장 규정**을 따라야 합니다.

All employees must follow **the corporate dress code.**

corporation 기업
incorporate (기업을) 설립하다, 포함하다

839
fairly

상당히 꽤

☐ ☐ ☐

테이블 위에 휴대폰을 놓고 왔다고 그는 **꽤나** 확신합니다.

He is **fairly** certain that he left his phone on the table.

840
wood

나무 숲, 목재

☐ ☐ ☐

이 테이블은 **나무**로 만들어졌어요.

This table is made of **wood.**

→ 식물 생명체가 아닌, 목재로서의 나무를 의미한다. 또한 작은 숲을 의미하기도 한다.

wooden 나무로 된

841
participate

참여하다 참가하다

☐ ☐ ☐

모든 학생들이 콘테스트에 **참여할 수 있습니다.**

All students **can participate** in the contest.

participation 참가
participant 참가자

842
tough

질긴 어려운, 강인한, 터프한 ☐ ☐ ☐

레드 와인 자국은 잘 지워지지 않을 수도 있어요.
(= 레드 와인은 **질긴 얼룩**을 남길 수 있다.)
Red wine can leave a tough stain.

→ 굴복시키기 힘들고 어려운, 그래서 질기고 강인한 느낌이다.

843
tear

눈물 찢다, 뜯다 ☐ ☐ ☐

그녀는 그 소식을 듣고 **눈물**을 터뜨렸어요.
She burst into tears hearing the news.

→ tear는 동음이의어로 '눈물' 외에도 무언가를 '찢거나 뜯어내서 그 일부가 떨어져
나가도록 하는' 행동을 말하기도 한다. 봉투나 봉지를 뜯는 행위를 표현할 때
주로 tear를 사용한다.

844
capacity

용량 수용 능력 ☐ ☐ ☐

이 보조 배터리는 **용량이 커요**.
(= 이 휴대용 배터리는 **큰 용량**을 가지고 있다.)
This portable battery has a large capacity.

845
border

국경 경계, 가장자리 ☐ ☐ ☐

국경을 건너려면 유효한 여권이 필요합니다.
You need a valid passport to cross the border.

846
shake

shake-shook-shaken

흔들다 털다 ☐ ☐ ☐

사용하기 전에 병을 잘 **흔들어** 주세요.
Shake the bottle well before using.

847
assessment 평가 ▢ ▢ ▢

은행 대출을 받으려면 **신용 평가**를 거쳐야 합니다.

You need to go through **a credit assessment** to get a bank loan.

assess   평가하다

848
fee 요금 수수료 ▢ ▢ ▢

나는 헬스장의 **연간 회원권 요금**을 납부했어요.

I paid **the annual membership fee** for the gym.

849
escape 탈출하다 도망치다 ▢ ▢ ▢

우리는 현실에서 **도망칠 수 없어**.

We **can't escape** from reality.

→ 키보드 좌측 상단의 키에 써 있는 Esc가 바로 escape의 약자이다. Esc키는 주로 현재 작업 중인 프로그램이나 창에서 빠져나오고자(탈출하고자) 할 때 쓴다.

850
proper 적절한 제대로 된 ▢ ▢ ▢

근육을 키우는 데는 **적절한 훈련**과 영양이 필요합니다.

Building muscle requires **proper training** and nutrition.

properly   적절히

851
component 부품 구성품, 구성 요소

□ □ □

CPU는 모든 컴퓨터 시스템의 **핵심적인 부품**이다.
The CPU is **a crucial component** of any computer system.

compose 구성하다
composition 구성

852
afford 여유가 되다 감당하다, 형편이 되다

□ □ □

지금은 새 집을 살 **여유가 안 됩니다.**
I **can't afford** to buy a new house right now.

→ 주로 '경제적인 여유'를 의미한다. 충분한 돈이 있어서 어떤 구매를 감당할 수
있음을 표현할 때 사용한다.

853
suspect 의심하다 용의자

□ □ □

그 녀석이 내 자전거를 훔쳤다는 **의심이 든다니까.**
(= 난 그 녀석이 내 자전거를 훔쳐 갔다고 **의심한다.**)
I **suspect** that he stole my bicycle.

→ 명사로 쓰이면 '의심을 받는 자', 그래서 조사의 대상이 되는 '용의자(suspect)'
라는 뜻이 되기도 한다.

854
confidence 자신감 자신, 확신

□ □ □

긍정적인 피드백이 **자신감**을 높여줄 수 있습니다.
Positive feedback can boost **your confidence**.

confident 자신(감) 있는

855
complain

불평하다 항의하다

☐ ☐ ☐

나는 공사장에서 나는 소음에 대해 **항의했어요**.

I **complained** about the noise from the construction site.

complaint   불평

856
perspective

관점 시각

☐ ☐ ☐

아이의 관점에서, 세계는 경이로움으로 가득 차 있지요.

From **a child's perspective**, the world is full of wonder.

857
arrest

체포하다

☐ ☐ ☐

그는 사기죄로 **체포됐어요**.

He **was arrested** for fraud.

858
register

등록하다 기재하다

☐ ☐ ☐

난 그 요가 수업에 **등록하기로** 했어.

I decided **to register** for the yoga class.

→ 회원 명부 등의 리스트에 이름을 기재하여 등록하는 행동을 말한다.

registration   등록

859
asset

자산 재산

☐ ☐ ☐

난 **내 모든 자산**을 아내의 이름 앞으로 옮겼습니다.

I transferred **all my assets** into my wife's name.

860
relevant

관련이 있는

□ □ □

나는 강의를 할 때 항상 **관련 있는 예시**를 듭니다.

I always give **relevant examples** in my lectures.

861
explore

탐험하다　탐사하다

□ □ □

많은 우주 비행사가 화성 **탐사**를 꿈꾸죠.
(= 많은 우주 비행사가 화성 **탐사하는 것**을 꿈꾼다.)

Many astronauts dream of **exploring** Mars.

→ 미지의 영역에 다가가 살펴보고 관찰하는 행동을 말한다.

862
wake

깨어나다　일어나다

□ □ □

wake-woke-woken

난 알람 소리에 **깼어요**.

I **woke up** to the sound of the alarm.

863
frame

틀　액자; 틀에 넣다

□ □ □

나는 **액자**에 맞게 사진을 잘랐어요.

I cropped the photo to fit **the frame**.

framework　　뼈대, 체계

864
bond

유대
유대감, 결합; 유대감을 형성하다, 결합시키다

□ □ □

어려움에 함께 맞서면서 아내와 나는 서로 **더욱 견고한 유대**를 형성하게 됐습니다.

Facing challenges together, my wife and I built **a stronger bond** with each other.

→ 이 단어 때문에 우리가 접착제를 '본드'라고 부르게 되었다. 두 물체의 결합이 bond이기 때문인데. 실제로 접착제는 영어로 glue 또는 adhesive라고 한다.

865
hire

고용하다 빌리다 ☐ ☐ ☐

내 아들은 그 IT 기업에 **고용되기**를 바라고 있어.
My son is hoping **to get hired** by the IT company.

→ 물건을 빌리거나 사람을 고용하는 행동을 말한다.

866
tie

묶다 ☐ ☐ ☐

이 끈으로 박스를 **묶어** 주실래요?
Can you **tie** the box with this string?

867
internal

내부의 체내의 ☐ ☐ ☐

에센셜 오일을 복용하지 마세요.
(= 에센셜 오일은 **체내 사용**을 위한 것이 아닙니다).
Essential oils are not for **internal use**.

→ 어떤 조직이나 국가, 신체 등의 내부나 속을 일컫는 뉘앙스이다.

external   외부의

868
literature

문학 문헌 ☐ ☐ ☐

〈위대한 개츠비〉는 **현대 문학**의 걸작입니다.
The Great Gatsby is a masterpiece of **modern literature**.

literary   문학의

869
victim

피해자 희생자 ☐ ☐ ☐

피해자들은 정의롭고 합당한 판결이 나오기를 바라고 있습니다.
(= **피해자들**은 정의를 요구하고 있다.)
The victims are demanding justice.

870
amazing

놀라운 놀라움을 주는 ☐☐☐

만일 영생할 수 있다면, 그건 **놀라운 일일 거다**.
If we could live forever, it **would be amazing**.

amaze 놀라게 하다

871
device

기기 장비, 장치 ☐☐☐

스마트폰은 **놀라운 기기**이다.
The smartphone is **a remarkable device**.

→ 주로 너무 크지 않은 중소형 전자 제품이나 기계, 장비 등을 말한다.

872
birth

탄생 출생 ☐☐☐

아기는 왜 태어날 때 울까?
(= 아기는 왜 **탄생**의 순간에 울까?)
Why do babies cry at **birth**?

873
forest

숲 ☐☐☐

우리는 지난 주말 **숲**속으로 하이킹을 갔어요.
We went hiking in **the forest** last weekend.

874
root

뿌리 근본 ☐☐☐

이 식물의 **뿌리**는 땅속 깊숙이 들어갑니다.
The root of this plant goes deep into the
ground.

875
factory

공장 ☐☐☐

그 **공장**은 매일 천 대 이상의 차량을 생산한다.
The factory manufactures over a thousand cars
each day.

CHAPTER 6

최고 빈도

876-975

MP3 **044**

876
expense

지출 비용, 경비

이번 달 **내 지출**은 벌써 내 수입을 넘어섰어요.
My expenses this month have already
exceeded my income.

→ 어떤 일을 하는 데 사용하거나 지출한 금액을 말한다.

expenditure   (공공 예산의) 지출, 비용

877
typical

전형적인 대표적인, 일반적인

우리는 저녁으로 **전형적인 스페인 음식**을 먹었어요.
For dinner, we had **a typical Spanish meal**.

typically   일반적으로

878
friendly

친절한 친근한, 상냥한

이곳의 지역 사람들(현지인들)은 언제나 **친절합니다**.
The local folks here **are** always **friendly**.

879
resident

거주민

모든 아파트 거주민에게는 헬스장을 이용할 자격이 주어집니다.
All apartment residents are entitled to use
the gym.

→ 특정 건물이나 장소에 상주하고 거주하는 사람을 말한다.

880

concentrate

집중하다 한 곳에 모으다

나는 시끄러우면 **집중**을 못 해요.
I can't **concentrate** when it's noisy.

concentration　(정신) 집중

881

plenty

풍부함 충분한 양

서두르지 마. 시간은 충분해.
(= 서두르지 마. 우리는 **충분한 양의 시간**을 가지고 있어.)
Don't rush. We have **plenty of time**.

882

export

수출하다

브라질은 전세계로 커피를 **수출합니다**.
Brazil **exports** coffee around the world.

→ 항구(port) 밖으로(ex−) 나가는 것이 수출하는 것이고, 항구(port) 안으로(im−) 들
　어오는 것은 수입하는 것이다.

import　　수입하다
port　　　항구

883

consist

이루어져 있다 (구성)되다

이 책은 세 가지의 다른 단편으로 **이루어져 있습니다**.
This book **consists of** three different short stories.

→ 여러 개 또는 여러 종류의 요소가 어우러져 하나의 큰 개념이나 대상을 이루는
　것을 말한다. 주로 'consist of ∼'의 형태로 사용하며 '∼로 이루어져 있다'의
　의미이다.

884
graduate
졸업하다   ☐ ☐ ☐

내 아들은 내년 봄에 대학을 **졸업하게 됩니다**.
My son **will graduate** from college next spring.

→ '졸업'은 학교를 다니는 것으로부터 놓여나는 것이어서 graduate from으로 표현한다.

885
moral
도덕적 교훈   도덕적인   ☐ ☐ ☐

이 이야기의 **교훈**은 항상 자신에게 진실해지라는 것입니다.
The moral of the tale is to always be true to yourself.

886
insist
고집하다   주장하다   ☐ ☐ ☐

그는 매번 저녁 식사 비용을 내겠다고 **고집해요**.
He **insists** on paying for dinner every time.

→ 주로 'insist on ~'의 형태로 사용한다. '~를 주장/고집하다'의 의미이다.

887
abuse
남용   학대; 남용하다, 학대하다   ☐ ☐ ☐

동물 학대는 잔인하며 용납할 수 없습니다.
Animal abuse is cruel and unacceptable.

→ 막 대하거나 막 쓰는 것이다. 주로 술, 담배, 약물 등의 남용(오용)이나 사회적 약자에 대한 폭력적 학대를 표현한다.

888
principal
교장   학장   ☐ ☐ ☐

교장 선생님은 학교의 유지 보수를 위한 자금을 모았습니다.
The principal raised funds for the school maintenance.

889
definitely

분명히 확실히, 절대로 ☐ ☐ ☐

그는 **분명히** 내 결혼식에 참석할 거야.
He'll **definitely** attend my wedding.

890
session

시간 기간, 세션 ☐ ☐ ☐

상담 시간은 한 시간 동안 계속되었어요.
The counseling session lasted for an hour.

→ 어떤 활동을 하기 위해 정해진 양의 시간이나 기간을 칭하는 말이다. 실제 시각이 아니라, 가령, '훈련 시간(training session)', '요리 시간(cooking session)' 등의 '시간'에 해당하는 단어이다.

891
grade

등급 단계, 성적 ☐ ☐ ☐

네 **성적**은 네 시험 결과에 달려 있지.
Your grade depends on your exam results.

→ 시험을 보고 점수에 따라 등급을 나누어 놓은 것이 성적이다.

gradual   점진적인
gradually   점차적으로

892
nevertheless

그럼에도 불구하고 ☐ ☐ ☐

성공의 보장은 없어요. **그럼에도 불구하고** 나는 최선을 다할 것입니다.
There's no guarantee of success. **Nevertheless**, I'll do my best.

893
predict

예측하다 예상하다 ☐ ☐ ☐

미래를 **예측하는** 최선의 방법은 미래를 창조하는 것입니다.
The best way **to predict** the future is to create it.

894

rent
빌리다 임차하다, 임대하다, 세 놓다 ☐ ☐ ☐

나는 직장 근처에 있는 아파트를 **빌리고** 싶어요.

I want **to rent** an apartment near my workplace.

→ 월세처럼 이용료를 내고 일정 기간 주택 등의 물건을 빌리는, 즉 '임차하는' 행동
을 말하지만 맥락에 따라 반대로 빌려주는, 즉 '임대하는' 행동이 되기도 하므로
문맥에 따라 그 의미를 파악해야 한다.

895

reasonable
합당한 타당한, 합리적인 ☐ ☐ ☐

난 중고 노트북을 **합리적인 가격**에 구입했어요.

I bought a used laptop at **a reasonable price**.

→ 주로 가격이 너무 비싸지 않고 합당하다고 말할 때 사용하면 좋다.

reasonably   합리적으로

MP3 **045**

896
guarantee

확고한 약속 보장; 보장하다, 약속하다 ☐☐☐

성공의 **보장**은 없지만 나는 최선을 다할 겁니다.
There's no **guarantee** of success, but I'll do my best.

897
theme

주제 테마 ☐☐☐

이 영화의 **주제**는 삶의 의미에 관한 것입니다.
The movie's theme is about the meaning of life.

898
odd

이상한 특이한 ☐☐☐

개복치는 좀 **특이하죠**. 하지만 난 개복치가 좋아요.
The sunfish **is a bit odd**, but I like it.

899
approve

찬성하다 승인하다 ☐☐☐

난 어떠한 형태의 폭력도 **찬성하지 않아요**.
I **don't approve** of any forms of violence.

→ 일상의 맥락에서는 주로 'approve of ~'의 형태로 사용한다. '~를 찬성하다'란 의미.

approval   승인

900
loan

대출 융자금 ☐☐☐

은행 대출을 받으려면 신용 평가를 거쳐야 합니다.
You need to go through a credit assessment to get **a bank loan**.

901
atmosphere

대기 분위기

이 커피숍은 부드러운 음악과 함께 **아늑한 분위기**를 가지고 있습니다.

This coffee shop has **a cozy atmosphere** with soft music.

→ 지구를 감싸고 있는 대기를 말한다. 또한, 어떤 장소를 감싸고 있는 분위기나 기운을 가리키기도 한다.

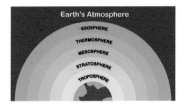

902
license

면허 허가증

난 올해 안에 **운전면허증**을 갱신해야 합니다.

I need to renew **my driver's license** within this year.

903
rely

의지하다 기대다, 신뢰하다

부모들은 자녀 교육을 오직 학교에만 **의존해서는 안 됩니다**.

Parents **shouldn't** solely **rely** on schools for their children's education.

→ 일반적으로 'rely on ∼'의 형태로 사용하며, '∼에 의지하다'란 의미이다.

reliable   신뢰할 수 있는

904
narrow

좁은

이 길은 **상당히 좁아서** 한 번에 딱 한 대의 차만 지나갈 수 있어요.

The road **is so narrow** that only one car can pass at a time.

905

permit

허가 면허

나의 **취업 허가증**이 다음 달에 만료됩니다.
My work permit expires next month.

→ 공식적으로, 법률적으로 어떤 일을 하기 위해 필요한 허가나 면허를 의미한다. 참고로, permission은 일상에서 말하는 허락의 의미이다. 가령, 아이가 사탕을 먹어도 된다는 엄마의 허락이 permission이다.

permission   허락

906

wild

야생의 자연 그대로의

난 〈내셔널지오그래픽〉에서 **야생 동물**에 대한 흥미로운 기사를 읽었어요.
I read an interesting article about **wild animals** in *National Geographic*.

907

empty

텅 빈 비어 있는; 비우다

우주는 거의 **비어 있습니다**.
Space **is** almost **empty**.

908

commission

수수료 커미션, 위원회

그 대행사는 모든 거래마다 **10%의 수수료**를 가져갑니다.
The agency takes **a 10% commission** for every deal.

→ 어떤 일을 위임받아 처리하고 그 대가로 받는 '수수료'이다. 또한 어떤 일의 처리를 위임받은 단체인 '위원회'를 의미하기도 한다.

909
unique

독특한 특별한, 일반적이지 않은

바오밥 나무는 **독특한 모양**을 가지고 있지요.
The baobab tree has **a unique shape**.

910
instrument

기구 악기

생물학에서 현미경은 **필수적인 기구**입니다.
The microscope is **a vital instrument** in biology.

→ 실험이나 계측, 측정, 또는 음악 연주 등을 할 수 있는 용도의 '전문 기구'나 '악기'를 의미한다.

911
row

줄 (가로) 행

우리는 콘서트에서 **맨 앞줄**에 앉았어요.
We sat in **the front row** at the concert.

→ 수평으로 이어진, 좌에서 우로 이어진 행을 말한다. 상대어로 '열(column)'이 있다.

912
youth

젊음 청춘

젊음은 희미해지고, 사랑은 시들며, 우정의 잎사귀는 떨어집니다.
Youth fades, love droops, the leaves of friendship fall.

913

lock

잠그다 자물쇠, 잠금장치 ☐ ☐ ☐

나갈 때 문 **잠그는** 것을 잊지 마세요.

Don't forget **to lock** the door when you leave.

914

fuel

연료 연료를 공급하다 ☐ ☐ ☐

많은 차량이 **연료**로 가솔린을 사용합니다.

Many cars use gasoline as **fuel**.

915

celebrate

기념하다 축하하다 ☐ ☐ ☐

그 부대는 격렬한 전투 끝에 얻은 승리를 **자축했습니다**.

The army **celebrated** their victory after a fierce battle.

celebration 기념, 축하

916
breath

숨 호흡, 입김

□ □ □

그의 **숨결**에서 맥주 냄새가 났어요.
I smelled beer on **his breath**.

breathe   숨을 쉬다

917
bottle

병 물통

□ □ □

물을 다 마셨다면 **그 플라스틱 물병**은 재활용해라.
Recycle **the plastic bottle** when you're done with it.

918
sheet

장 판

□ □ □

그 여자는 하얀 종이 **한 장**으로 테이블을 덮었습니다.
She covered the table with **a sheet** of white paper.

→ 종이나 깔개 등 얇고 넓은 것의 한 '장' 또는 한 '판'을 의미한다.

919
cast

던지다 비추다, 드리우다

□ □ □

cast-cast-cast

주사위는 **던져졌어요**.
The dice **is cast**.

→ 빛, 시선, 미소, 생각, 물건 등이 비추거나 뿌려지는 행동을 말한다.

broadcast   널리 (던져) 퍼뜨리다, 방송하다

920
notion

개념 관념 ☐ ☐ ☐

나는 언제나 반드시 근면 성실해야 한다는 **관념**을 거부합니다.

I reject **the notion** that one must always be diligent and hardworking.

→ 어떤 일에 대한 견해나 생각을 의미한다.

921
conservative

보수적인 ☐ ☐ ☐

그는 이민에 대해 **보수적인 견해**를 가지고 있어요.

He holds **conservative views** on immigration.

922
journey

여행 긴 여정 ☐ ☐ ☐

그의 가족은 유럽 전역을 도는 **긴 여행**을 계획하고 있다.

His family is planning **a long journey** across Europe.

923
relief

안도 안심, 완화 ☐ ☐ ☐

잃어버린 지갑을 찾았을 때 나는 **안도감**을 느꼈어요.

I felt **relief** when I found the lost wallet.

→ 고통이나 불안 등을 해소하거나 완화하여 마음이 놓이게 되는 것을 의미한다.

924
debt

빚 부채 ☐ ☐ ☐

현재 그는 **빚**을 갚기 위해 두 가지 일을 하고 있어요.

He is working two jobs to pay off **his debts**.

925
honor

영광 존경, 명예 ☐ ☐ ☐

당신을 만나게 되어 **영광**입니다.

It's **an honor** to meet you.

926
outcome

결과

선거의 **결과**는 예상 밖이었어요.
The outcome of the election was unexpected.

→ 어떤 일의 끝에 밖으로(out) 나오게(come) 되는 결과물 또는 결과를 말한다.

output   출력, 산출량

927
blame

탓하다   ~의 책임으로 몰다

다른 사람을 **탓하기**는 쉽습니다.
It's easy **to blame** others.

928
arise

arise-arose-arisen

일어나다   떠오르다, 나타나다

사업을 하다 보면, 예상치 못한 문제가 매일 **일어납니다**.
In business, unexpected issues **arise** every day.

→ 예기치 않은 어떤 상황이나 문제가 떠오르는 움직임을 묘사한다.

929
recover

회복하다   복구하다, 되찾다

신뢰가 깨지면 **회복하기** 어렵죠.
The loss of trust is hard **to recover**.

→ 주로 어떤 부정적인 상태나 손실을 극복하고 복구하는 뉘앙스이다. 악화된 건강
이나 자신감, 무너진 명성이나 신뢰, 손상된 물건 따위를 정상 상태로 돌리는 것
을 말한다.

recovery   회복

930
stretch

늘이다 당겨 펴다, 스트레칭하다, 뻗다

근육 염좌를 예방하기 위해 달리기를 하기 전에 **스트레칭을 하세요.**
Stretch before you start running to prevent muscle strain.

→ 우리가 흔히 말하는 '스트레칭(stretching)'은 직역하면 '(팔, 다리, 근육 등을) 늘이는 것' 정도가 된다.

931
declare

선언하다 공표하다

1941년 미국은 일본에 전쟁을 **선포했습니다.**
The US **declared** war on Japan in 1941.

932
retire

은퇴하다

많은 운동선수들이 부상 때문에 **은퇴합니다.**
Many athletes **retire** due to injuries.

retirement   은퇴

933
tiny

아주 작은 아주 적은

소량의 소금이 음식의 맛을 훨씬 좋게 할 수 있습니다.
A tiny bit of salt can make the dish taste much better.

934
native

어떤 장소에서 태어난 그 지역/국가 토종의

캥거루는 호주의 **토종 동물**입니다.
The kangaroo is **a native animal** to Australia.

935
witness

목격자 증인

그녀는 그 살인 사건의 **유일한 목격자**였다.
She was **the only witness** to the murder.

MP3 047

936
terrible

끔찍한 심한, 상태가 안 좋은, 형편없는 ☐ ☐ ☐

오늘, 난 직장에서 **끔찍한 하루**를 보냈어요.
Today, I had **a terrible day** at work.

937
ordinary

평범한 일상적인 ☐ ☐ ☐

마이클 잭슨은 **평범한 가수**가 아니었습니다.
Michael Jackson was not **an ordinary singer**.

extraordinary   비범한

938
mental

정신의 마음의 ☐ ☐ ☐

스트레스는 당신의 **정신 및 육체 건강**에 영향을 줄 수 있습니다.
Stress can affect your **mental and physical health**.

939
vision

시야 비전, 미래상 ☐ ☐ ☐

사고 이후 **그의 시야**가 흐려졌어요.
His vision was blurred after the accident.

→ '실제 눈에 보이는 화면(시야)'과 '마음으로 보는 화면(상상, 통찰, 비전)'을 말한다.

visible   보이는
visual   시각의

940
fat

지방 기름; 뚱뚱한, 살찐, 두툼한 ☐ ☐ ☐

나에게 **저지방 우유**는 물맛이 납니다.
Low-fat milk tastes like water to me.

941
fellow

동료 함께 하는 사람 ☐ ☐ ☐

난 고교 시절을 함께 했던 **학생(동창생)**을 우연히 만났어요.
I ran into **a fellow student** from my high school days.

→ 함께 지내거나 같이 일하는 동료를 친근하게 부르는 말이다.

942
chemical

화학적인 화학 물질 ☐ ☐ ☐

물의 **화학식**은 H_2O입니다.
The chemical formula for water is H_2O.

943
capture

포획하다 붙잡다 ☐ ☐ ☐

사진에 그녀의 미소가 담겨 있습니다.
(= 그녀의 미소가 사진에 **포착되었다.**)
Her smile **was captured** in the photograph.

944
tip

끝 부분 팁 ☐ ☐ ☐

연필 **끝**이 부러졌어요.
The tip of the pencil is broken.

→ 막대 등의 (뾰족한) 끝부분을 말한다. 또한, '팁(봉사료, 정보)'이라는 의미도 있다.

945
discount

할인 ☐ ☐ ☐

이 소프트웨어는 **학생 할인가**로 구매 가능합니다.
The software is available at **a student discount**.

946
proportion 비율 일부분 ☐☐☐

원격으로 근무하는 직원 **비율**이 크게 늘었습니다.
The proportion of employees working remotely has increased significantly.

→ 백분율로 나타낸 전체 중에서 특정 부분이 차지하는 비율을 의미한다.

947
shout 소리지르다 외치다, 고함치다 ☐☐☐

나는 공원에서 아이들이 기뻐 **소리치는** 모습을 보았어요.
I saw kids **shouting** with joy in the park.

948
constant 지속되는 계속되는, 끊임없는 ☐☐☐

아기는 **지속적인 관심**을 필요로 합니다.
Babies require **constant attention**.

constantly 끊임없이

949
considerable 상당한 많은 ☐☐☐

나사는 제임스 웹 프로젝트에 **상당한 시간과 예산**을 들였습니다.
NASA invested **considerable time and budget** into the James Webb project.

→ consider(고려하다. 검토하다) 해야할만큼 그 비중이나 양이 많거나 중요도가 높다는 의미이다.

950
instruction 설명 지시, 지도 ☐☐☐

이 일을 완수하기 위해선 **명확한 지시**가 필요합니다.
I need **clear instructions** to complete the task.

951
intelligence 지능

☐ ☐ ☐

인공 지능은 우리가 살고 일하는 방식을 빠르게 변화시키고 있다.
Artificial intelligence is rapidly changing the way we live and work.

intellectual   지적인, 지능의

952
ideal

이상적인   비현실적인

☐ ☐ ☐

오늘 날씨는 캠핑에 **이상적이네요.**
The weather today **is ideal** for camping.

953
folk

사람들   민간의, 민속의

☐ ☐ ☐

이곳의 **지역 사람들(현지인들)**은 언제나 친절하다.
The local folks here are always friendly.

→ 비격식적으로 보통 여러 사람들을 일컫는 말이며 딱히 부정적이거나 긍정적이지 않은 중립적인 뉘앙스이다.

954
guard

경비   방어, 보호대

☐ ☐ ☐

해안 경비대가 좌초된 선원들을 구조했다.
The coast guard rescued the stranded sailors.

955
somewhat

어느 정도   다소, 약간, 조금

☐ ☐ ☐

그의 설명은 **다소** 헷갈렸어요.
His explanation was **somewhat** confusing.

956
joint

관절 연결 부위; 합동의, 공동의 ☐ ☐ ☐

할머니는 무릎 **관절통**으로 고생하고 계셔.
My grandmother is suffering from **joint pain** in her knees.

→ 두 대상이 만나서 연결된 부분을 뜻하기도 하고, 두 대상이 만나서 함께한다는 뉘앙스를 나타내기도 한다. 참고로 '공동경비구역'을 뜻하는 JSA는 Joint Security Area의 약자이다.

957
poll

여론 조사 ☐ ☐ ☐

출구 조사는 두 후보의 접전을 시사했다.
The exit polls suggested a close race between the two candidates.

→ 여론 조사 중에서도 투표소 출구 조사 등의 간단한 여론 청취 활동을 의미한다.

958
weak

약한 나약한, 힘이 없는 ☐ ☐ ☐

개인 각각은 **자신만의 약점**을 가지고 있지요.
Each individual has **their own weak points**.

weakness   나약함

959
faith

믿음 신뢰, 신앙 ☐ ☐ ☐

그녀는 하느님에 대한 **굳건한 믿음**이 있어요.
She has **strong faith** in God.

faithfully   충실히

960
reserve

예약하다 남겨 두다, 따로 마련해 두다 ☐ ☐ ☐

미리 티켓 **예약하는 것**을 잊지 마세요.

Make sure **to reserve** your tickets in advance.

961
boring

지루한 ☐ ☐ ☐

영화가 **아주 지루했어요**. 그래서 난 중간에 잠들어 버렸습니다.

The movie **was very boring**. So, I fell asleep in the middle of it.

→ 누군가가 또는 무언가가 '지루한' 것을 나타내고, bore는 누군가가 또는 무언가가 '지루하게 하는' 뉘앙스이다.

bore   지루하게 하다

962
somehow

어떻게든 어찌 됐든 간에 ☐ ☐ ☐

어찌 됐든 간에 우리는 이 문제를 해결해야만 합니다.

Somehow, we must solve this problem.

963
passenger

승객 여객 ☐ ☐ ☐

지하철은 조용했습니다. **승객 몇 사람**만 있었어요.

The subway was quiet. There were **only a few passengers**.

964
justice

공정 정의, 정당함 ☐ ☐ ☐

피해자들은 정의롭고 합당한 판결이 나오기를 바라고 있습니다.
(= 피해자들은 **정당함**을 요구하고 있다.)

The victims are demanding **justice**.

justify   정당화하다

965
phase

단계 순서, 상 ☐ ☐ ☐

그 프로젝트는 현재 **마지막 단계**에 접어들고 있습니다.

The project is now entering **its final phase**.

→ 순차적으로 진행되는 프로젝트 절차(procedure) 속의 각 단계나 순서를 의미한다.

966
thin

얇은 마른, 묽은 ☐ ☐ ☐

이 재킷은 겨울 날씨에 입기에는 **너무 얇아**.

This jacket **is too thin** for the winter weather.

→ 물체, 액체, 막 등의 '두께가 얇거나 양이나 밀도가 낮은' 상태를 말한다.

967
rush

서두르다 급히 움직이다 ☐ ☐ ☐

서두르지 마. 시간은 충분해.

Don't rush. We have plenty of time.

968
formal

격식을 차린 정식의, 공식적인 ☐ ☐ ☐

대학 졸업식은 **격식을 갖춰야 하는 공식** 행사입니다.
University graduation ceremonies are **a formal event**.

969
reject

거부하다 거절하다 ☐ ☐ ☐

나는 언제나 반드시 근면 성실해야 한다는 관념을 **거부합니다**.
I **reject** the notion that one must always be diligent and hardworking.

970
latter

후자의 후반부의 ☐ ☐ ☐

영화의 **후반부**는 지루했어요.
The latter half of the movie was boring.

→ latter는 원래 late(늦은, 나중의)보다 더 나중을 의미하는 비교급 late+er에서 유래하였다. 현재는 대개 전/후로 나눌 수 있는 어떤 둘 중에서 더 나중에 있는 후자를 가리키는데 사용한다. 참고로, 전자를 가리킬 때에는 former를 사용한다.

late   늦은

971
plate

접시 판 ☐ ☐ ☐

유리 접시 떨어뜨리지 않도록 조심해.
Be careful not to drop **the glass plate**.

972
ban

금지하다 ☐ ☐ ☐

그 도시는 모든 공원에서 흡연을 **금지하기로** 결정했습니다.
The city decided **to ban** smoking in all parks.

973

steal

steal-stole-stolen

훔치다 도둑질하다 ☐ ☐ ☐

고양이는 주방에서 자주 음식을 **훔쳐 가곤 했어요.**

The cat **would** often **steal** food from the kitchen.

974

protest

시위 항의 ☐ ☐ ☐

그들은 시청 밖에서 **시위**를 벌였습니다.

They held **a protest** outside the city hall.

975

frequently

빈번히 자주, 흔히 ☐ ☐ ☐

그는 **빈번히** 마음을 바꿉니다.

He **frequently** changes his mind.

frequent   빈번한
frequency   빈도

INDEX

A

D

F